一瞬で心が軽くなる 感情セラピー

未来の私は笑っていますか？

感情コンサル (R)
押野 満里子

プロローグ

感情セラピーを覚えたら、人生がウソのように楽しくなった

この本には、次のような方々の心を軽くするための感情のコントロール法を書きました。

自分のことがどうしても好きになれず、鏡を見るのもいや。
周囲には性格的に合わない嫌いな人が多い。
できている人を見て自分はダメだとおちこむ。
つい、子どもを怒鳴ってしまい、自己嫌悪に陥る。
人から言われた何気ない言葉に傷ついて、なかなか立ち直れない。
いつも誰かに気をつかい生きづらい……。

こうした悩みを持っているのはあなただけではありません。私のところへは、同じような悩みを抱えた方々が多く訪れます。そして、マイナス感情が感謝に変わる感情セラピーを体感すると、驚くほど晴れやかな顔になり、幸せな人生を手に入れています。

解決の方法はあるんです。だから、もう心配しないで大丈夫。安心してください。


ある30代の会社員のA子さんは、完璧主義でなかなか自分に合格点を出せずに、いつも自分を責めてばかりいました。

「私は何をやってもちゃんとできない。本当にダメな人間。自信もないし、自分の顔さえ好きになれない」と落ち込む日々。周囲にも完璧さを求めるあまり、同僚や部下から「怖い人」と思われていたそうです。当時を振り返ってこう言います。

「あの頃は本当に生きづらかったですね」

けれど、感情セラピーを体感し、自分で自分の感情を癒《いや》す方法を知ってから、人生が180度変わりました。

「以前は、『あれもダメ、これもダメ』と、ダメ出しばかりしていました。でもいまは、『これも正解』『あれもあり』と思えるようになりました。すると、人生がウソのように楽しくなりました。しかも、あるとき、鏡で自分の顔を見て『私って、なんて美人なんだろう』って心から思えたんです（笑）。その感情に自分でもびっくりしました」

A子さんは、お母さんのところに行き、「こんなに美人に産んでくれて、ありがとう」とお礼を言ったそうです。

彼女がやったことは、難しいことではありません。

感情セラピーで自分の変化を実感し、自分でもその方法を身につけて、「感情が波立ったときに、自分の内面を見るようにした」それだけです。簡単にいえば、感情をコントロールする術を覚えたのです。

私のところに感情セラピーを受けにこなくても大丈夫です。

コツさえ覚えれば、自分でできます。

感情は大きく2種類に分けられます。プラス感情とマイナス感情です。

プラス感情とは、起きたことがらを前向きに捉えて歓迎する感情のことです。

マイナス感情とは、起きたことがらを常にネガティブに捉えて嫌っている感情のことです。

プラス感情がたくさんあると、人は幸せな気持ちになれます。

「人は感情の生き物」といわれるように、落ち込んだり、泣いたり、怒ったり、いろんな感情を持っています。いつもプラス感情を持つのは難しいものです。

でも感情を上手にケアする方法を身につければ、たとえマイナス感情に陥ってもプラス感情に変えられます。すると、心は軽くなり、幸せ体質へと変わっていきます。

感情セラピーにはいくつかあります。

なかでも、誰でも簡単にすぐにできて、結果が出る方法が「究極の感情セラピー」です。


究極の感情セラピーをすれば、根本から癒され、リバウンドしません。

泣いて暮らすも一生、笑って暮らすも一生。

限りある人生、できるだけ長い時間、笑顔でいたいものです。

未来のあなたが、できるだけたくさん笑っていられるように、いますぐ感情セラピーを身につけませんか。

はじめに

愛とひとつになる感情セラピーで、不安や悲しみ、怒りの感情を和らげる

はじめまして。押野満里子です。これまで3000件以上の感情セラピーを手掛けてきました。

感情セラピーを深めるために、感情について最初にお話しさせていただきます。
感情とは、体の変化（反応）です。体に力が入らないほど驚いたとき、「腰が抜けた」といい、困ったときに「頭が痛い」という。あるいは、気が進まないときに「足が重い」といったり、相手が強すぎるときには「歯が立たない」といいますよね。

体の一部を使って感情を表現する言葉がたくさんあるように、体の変化と感情はセットになっています。

そして感情には、マイナス感情とプラス感情が存在します。

マイナス感情は、嫌っている感情で、体に不快な反応があります。イライラする、怒りたくなる、不安になる、悲しむ、苦しむなどです。その根底は「恐怖」の感情です。

プラス感情は、歓迎する感情で、体が弾み喜びに満たされます。安心や楽しみやワクワクなどで、その根底は「喜び」の感情です。

でも、実はこの**恐怖の感情も喜びの感情も「愛があるからこそ生まれてくる感情」です**。私は、多くの感情セラピーをさせていただいて確信しました。

恐怖の感情が愛につながっているなんて理解し難いですが、そもそも恐怖を感じるのは、その行為にストッパーをかけるときです。

いままでの経験から、深い部分であなたを守る力が働き、いやな感情が行動をストップさせるのです。このいやな感情の奥にある、あなたを守る力、つまり「愛」を体感した人は、感情のリバウンドがないこともわかってきました。

感情セラピーのポイントは、「決める」と「タイミング」です。

「こういうことを解決する」と心のなかで決めたときに、無理をしないでも、目の前に解決策が来たそのときこそが、ベストのタイミングです。

マイナス感情を和らげるには、その感情と仲良しになることです。

仲良しになる方法はいろいろありますが、私の感情セラピーは、「感情を味わい尽くす」とか「頑張ってトラウマをとる」といった従来の感情開放とは少し違います。

体の変化に焦点を当て、無理をせず、頑張らず、やさしく感情と仲良しになり、「愛とひとつになる感情セラピー」です。

「どっちでもいい」と思えたら、人生はすべてうまくいく

本書は、この**感情セラピーを使い、読むだけで感情を軽くし、心を温かくします。**いわば、心のコリをほぐしていく本です。

「なんだかモヤモヤする」

「なんだかイライラする」

それは、自分の感情の正体がわからないから起きています。感情の理由を明らかにすると、心は驚くほど軽くなります。

感情はみんなが平等に持っています。どんな人でも持っています。ただ、扱い方はそれぞれ。結果を出している人は感情の扱い方が違います。

説明したように、感情には、マイナス感情とプラス感情があります。でも、実は2つだけじゃない。境目に「プラスマイナスゼロ」があります。要はフラットな状態です。

絶えず不安がある人の場合、もちろん、プラス感情まで行ければいいのですが、マイナス感情にずっといた人に、「もっとポジティブに生きましょう」といってもすぐには変えられないものです。

マイナス感情にいる人は、いきなりプラスまで行こうとすると苦しくなります。

だから、ひとまず、フラットまで持っていくようにします。フラットは、マイナスでもプラスでもない「無の感情」です。言葉にすると「どっちでもいい」という感情です。

実は、この**「どっちでもいい」と思えることが、平穏な心でいる鍵**です。

「どっちでもいい」と思っていると自然といろんなことがうまくいきます。

ここでいう「どっちでもいい」は、優柔不断とは違います。

優柔不断は、「人任せ」で、「あなたに判断を任せる。お願い」という感じです。

一方、「どっちでもいい」は、主体性があって、「どっちでもいいんだけれど、こっちを選ぼうかな」という感じです。

これまでの自己啓発書でうまくいかなかった人に試してほしい新しい成功法則

これまで多くの自己啓発書では、次のようにいわれてきました。

ポジティブに考えるとうまくいく。

「ありがとう」を何回も言うとうまくいく。

成功したいなら早起きをしよう。

高級ホテルのレストランで食事をするとセルフイメージが上がる。

努力すれば報われる。

成功したかったら歯を食いしばって頑張りなさい。


そういった内容が書かれた成功法則の本はたくさん出ていて、試している人も多いと思います。

実は私もそれらを試してきたひとりです。でも、私の場合、書いてあることをやればやるほど違和感を抱き、苦しくなっていったのです。多くの人にとっては効果のある成功法則でも、人によっては合わない人もいます。

本書はこれまでの成功法則では、なかなかうまくいかなかった人に試してほしい方法を紹介しています。ひとことでいえば、**「心を軽くすることで、自分らしく輝き、望む結果を手に入れる」方法**です。個性ともいえる感情をツールにあなたらしく成功してほしい。その思いをベースに、私が経験してきた成功法則をお届けしたいと思っています。

人の数だけ個性があり、その個性に合った成功法則があります。

これまでの成功法則でも、本書でもどちらを選んでいただいてもいいと思います。

ですが、「自己啓発本を読んで『いいな』と思っても続けられない」「いろいろ試したけどうまくいかない」「いいことはわかっているけど、なかなか実行できない」と感じるのなら、ぜひ、本書の方法を試してみてください。

きっと、新しいあなたに合う成功法則との出会いがあるでしょう。

上手にやろうと思わないで大丈夫。感情は感じるだけで60％解決しています。

自由にリラックスして「感情セラピー」を始めてみましょう。

押野満里子

プロローグ　2
はじめに　7

第1章　結果を早く出したいなら感情を変える　19

お金の不安がなくなる感情の整え方　20
マイナス感情を手放すと人生は得をする　27
解釈は「家のルール」「親の解釈」「生まれながらにもっているもの」で決まる　31
感情に目を向け自分らしく生きると成功できる　35
マイナス感情との付き合い方次第で幸せになれる　41
「自分の感情に聞く」を習慣にしよう　48
どんな感情も愛に変わる　54
心からやりたいことに気づくとエネルギーがあふれてくる　73

第2章　「自分らしく」「喜び」で生きる方法　77
自分を幸せにする近道は自分を知ること　78
問題を解決したければ自分自身に聞こう　87
正しいのは誰が何と言おうと自分自身　95
「できたこと」に目を向けると、なぜ、もっとできるようになるのか　103
第3章　マイナス感情をプラス感情に変えるコツ　109
「スタンプカード式」感情コントロール法　110
波だった感情は「口に出す」か「紙に書く」と収まる　117
「ふざけんな！　アイツ」と言葉に出してしまおう　121
欲求がかなわないから感情がでてくる　129
「心が落ちたときの」緊急避難場所を見つけておく　134

解決できない問題は「棚上げ」しちゃいましょう 140
あなたがすばらしいかどうかは、ほかの誰かではなく、あなたが決める 151
マイナス感情の裏には愛しかないと知る 160
頭の中の問題をすべて「見える化」すると感情が落ち着く 163
あなたにはあなたらしい成功のプロセスが必ずある 166

第4章 目の前の心の問題をサクサク解決する「思考型」感情ケア

173
感情セラピーは「思考型ケア」と「感情型ケア」の2種類 174
ステップ1 感情を体の外に出す 178
ステップ2 「誰の問題か」を考える 179
ステップ3 「何が問題か」を考える 182

ステップ4 「どっちでもいい」と言ってみる 184
ステップ5 心の奥にある本音を特定する 188

第5章 マイナス感情を愛に変え、結果につなげる「究極の感情セラピー」3ステップ 193

結果につなげる「究極の感情セラピー」3ステップ 194
ステップ1 具体的な状況から感情=体の反応を特定する 197
ステップ2 感情を形にして話をする 198
ステップ3 体に戻して愛を感じる 201
さらに結果につなげるためにはもう一度出来事を思い出す 203

おわりに 208

第1章

結果を早く
出したいなら
感情を変える

お金の不安がなくなる感情の整え方

なぜ、お金がなくなると不安になるのか

お金がなくなるのが不安……。

多くの方が抱える悩みですね。けれど、感情を整えると、この不安はなくなり、お金が循環して増えるようになります。私もかつて、お金がなくなることに恐怖心を抱いていました。私は父が創業した会社を継いだので、そのプレッシャーもあったのでしょう。売り上げが下がってきたり、大きな金額の支払いがあると、「お金がなくなって、会社が潰れたらどうしよう」という不安に襲われました。そして、無意識のうちに私はお金を使うのがいやになり、支払いをすることに、いつもストレスを感じていました。売り上げも思うように上がりませんでした。

「なんとかしなければ」と始めたばかりの感情セラピーで自らの気持ちを整えました。まず、**「なぜ、お金がなくなるといやなのか」を自分の心に聞いて理由を探りました。**

すると、２つの理由が見つかりました。

❶お金がなくなって、友人たちから相手にされなくなり、独りぼっちになるのが怖い。
❷お金がなくなって、食べ物さえ買えず、飢え死にするのが怖い。

理由がわかったところで、さらに自分の心に解決策がないか聞いてみました。

まず❶について。なるほど、私は独りぼっちになるのがいやなんだ。であれば、また新しく友人を作ればいいかな。でも、ちょっと待てよ。よくよく考えてみると、いまお付き合いをしている友人たちは、私が困ったら手をさしのべてくれる人たちばかりだ。お金がなくなったからといって、きっと見捨てられることはない。
❷はどうだろう。食べ物がなくなって、飢え死にするのはたしかに怖い。でも、よくよく考えて

みると、私の住む町の周りには農家がたくさんある。いざとなったら、野菜やお米を分けてくれるに違いない。あるいは、自分で菜園を始めれば、なんとか食べていける。

解決策が見え、心が軽くなりかけていたところに、私のお金に対する考え方を変える決定打となる出来事がありました。

ホームレスの経験をした方から話を聞く機会があったのです。

「1週間、お金が1銭もないときもありました。でも食べ物に困ったことはない。お金がなくったって、なんとか生きていけるもんですよ」

とその人は教えてくれました。当時は、コンビニの賞味期限切れの弁当が、無造作に捨てられていた時代。ごみ箱をあされば、食べ物にはまったく困らない、という話をしてくれました。私は単純に思いました。

お金がなくても死なないんだ。最悪、お金がなくても、何とかなるじゃん！

その瞬間、お金がなくなることへの恐怖心が消えていきました。

お金は感謝の気持ちを込めて使うと戻ってくる

恐怖心がなくなると、支払いについてポジティブに考えられるようになりました。

たとえば、次のようにです。


金銭の授受は価値と価値の交換。お金を払うのは、それだけのものを受け取っているから。

お金を払って買った会社の機器は、会社の役に立ってくれている。とてもありがたい。

だから、お金を払うときは、感謝の気持ちを込めて払おう。

社員の方々は、会社のために一生懸命に働いてくれている。本当にありがたい。

だから、給料を支払うときは、感謝の気持ちを込めて払おう。

好きな洋服を買うと、なんともいえず嬉《うれ》しくなる。とてもありがたい。

だから、洋服代を払うときは、感謝の気持ちを込めて払おう。

感謝を込めてお金を払うようになると不思議なことが起き始めました。**お金を払ってもすぐにまたお金が入ってくるようになった**のです。お金が戻ってきた感覚です。

これを確認したくて、あるとき、感情セラピーの講座である実験をしました。

20人ほどで輪になって次々とお金を回していくワークです。

最初は、20人それぞれが、「お金を払いたくないな、いやだな」と思いながら1枚の1万円札を回していきます。最初の人のところにお金が戻るまで6分かかりました。

次に、「ありがとう」と感謝の気持ちを込めてお金を回します。すると、なぜか1分足らずで最初の人のところへお金が戻ってきたのです。

明確な理由はわかりませんが、払いたくないという気持ちがあると、ちゅうちょや戸惑いがあり、すぐに次の人にお金を渡せない。すると時間がかかり、すべて回るまでに時間がかかってしまいます。一方、「ありがとう」と実際に言って支払ったり、**感謝の気持ちを込めて支払うと、受け取ったほうも気持ちがいいから、自分も気持ちよく払おうとする。**支払うときにちゅうちょがなくなるので、お金の回るスピードが早くなるのだと思います。

実社会でも、気持ちよく払っていると、お金の循環がスムーズになり、自分のところにも早く戻ってくるのではないでしょうか。

お金が回っていれば、困りませんから、不安にならないでしょう。

出し渋りや遅延などでお金の循環が止まるので、不安になるのではないでしょうか。

感謝されるサービスや商品を提供すればお金は増える

私はお金持ちとは、「お金の流れがスムーズで、その流れる量が多い人」と考えています。流れる量を多くするには、世の中に役立つサービスや商品を提供し、感謝の込もったお金を払ってもらうようにします。感謝されればされるほど、お金は増えていきます。

たとえば、ユニクロを経営するファーストリテイリングは、良質な商品を安価で提供して多くの人に感謝されています。だから、お金はどんどん入ってきて、代表取締役会長兼社長の柳井正さんはお金持ちです。経済誌「フォーブスジャパン」が発表した「日本人長者番付２０１９」で堂々の

1位でした。

個人事業主の方でも同じで、**お金を増やしたいのなら、感謝されるサービスや商品を提供するようにします**。そして、欠かせないのは信頼されることです。

心の奥の思いと、公言していることと、やっていることが一緒だと信頼されます。

いまは、SNSの普及で個人の情報が見えやすくなりました。

ちょっとでも首尾一貫していないと、「この人とビジネスをして大丈夫かな」「この人から製品を買っていいのかな」と、疑問を持たれてしまいます。そうなったら万事休す。

もし、似たサービスがあれば、すぐにほかへ行ってしまうでしょう。

まずは、ちゃんと信頼を得る。すると、仕事のオーダーがきます。提供するものが感謝に値するものであれば、結果として売り上げは上がっていきます。

お金持ちになりたい場合は、自分の思いや言葉、行動が一致しているか、常に自分でチェックするるようにしましょう。

マイナス感情を手放すと人生は得をする

結果を出したいなら自分の解釈を変える

何をやってもうまくいかない。結果を出せない。思い通りにものごとが進まない……。

「結果」が出ないのは「行動」ができないからであり、「行動」ができないのは「感情」が大きく関係しています。感情が揺れる大きな要因として、その人の解釈があります。

この解釈を変えてみるだけで、結果はどんどん変わっていきます。

たとえば、朝、会社に行って、上司に「おはようございます！」とあいさつをしたのに、何の返事もしてくれなかったとします。そんなとき、解釈は主に２つに分けられます。

Aさん　「今日はたまたま機嫌が悪かったのね」と何とも思わない。
Bさん　「私、何か、悪いことしたかしら?」と気分を害す。

Aさんの場合は、その後も、いつもと変わらずに上司と話ができます。何も気にしていませんから、仕事はスムーズに進む。仕事がきちんとできれば、結果として上司との関係は良好になり、かわいがられます。

一方、Bさんはどうでしょう。多くの場合は、どうしたらいいかわからずに距離を置いてしまいます。仕事面での疑問や困りごとが生じても相談ができません。距離は開くばかりです。結果として、上司との関係は険悪になり、かわいがられるのは難しくなります。それ以外の解釈もあるかもしれませんが、**同じ出来事でも、人それぞれ解釈が異なるという事実を知っておきましょう。**

感情は解釈によって変わります。「何か悪いことをしたかな」と解釈すれば、感情はマイナスになります。**感じ方次第で、人の取るあとの行動が異なり、その先の結果も変わってきます。**逆にいえば、**感情を意識して、受け止め方を変えさえすれば、行動も結果も変えられるのです。**

「考えすぎ」は行動が遅れ損をする

人によっては、Aさんのような捉え方は、「空気が読めない」とか、「単純に捉えすぎだ」と思う人もいるでしょう。しかし、実は、いろんなことに心を煩わせることなく、シンプルにものごとを捉えて、パッと行動する人ほど結果は出やすいのです。

あまりにも考えすぎると、動きが止まってしまいます。

「あの人は、どんな気持ちでいるんだろう」「なぜそう感じているんだろう」と、あれこれ考えている間は、行動ができません。**行動できないと、当然結果が出ません。行動が遅れれば、チャンスを逃す場合もあります。**

現実としてBさんタイプの人が多いと思います。相手の気持ちを汲《く》もうとしているのですから、決して悪いわけではありません。では、Bさんタイプが早く結果を出したい場合はどうすればいいか。

あれこれ気をもんでいないで、上司に直接聞けばいいのです。

「何か、ご気分が悪いんですか？」「あいさつしたんですけれど、何もお返事がなかったものですから」「もしかしたら、私の声が小さくて聞こえなかったのでしょうか」と確認すれば、理由はすぐにわかります。

私たちは大人になるにつれ、確認するのが下手になっていきます。

「こんなこと聞くのは恥ずかしい」「これくらいわかっていて当たり前」と思ってしまう。でも、確認しないで自分の中の思い込みで行動するのはとても非効率です。

相手の心の中で起きていることは誰もわかりません。

仕事でも確認しないで動くと、大きなミスにつながることがありますよね。

何の確認もしないで、ひとりで悶々《もんもん》と考えこんでしまうといつまでもものごとが解決せず、結果も出ません。**効率的に仕事を進めたいのであれば、できるだけ確認をし、スッキリした気持ちで行動していくようにしましょう。**

解釈は「家のルール」「親の解釈」「生まれながらに持っているもの」で決まる

「ノロマ」といわれて嬉しかったワケ

同じ出来事でも、「いやだな」と思う人と、「何も思わない」人と、「ハッピー！」と思う人がいます。感情面から見ると、解釈は大きく３種類に分けられます。

「いやだな」と思う人はマイナスの解釈が入っている。「何も思わない人」は、特に解釈はなく、「ハッピー！」と思う人は、プラスの解釈が入っている。それだけのことです。

私は、かつて「ノロマ」と言われていました。

ノロマと言われて、いやな気持ちがする人は、次のように思っています。

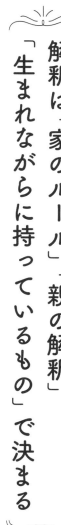

「私はノロマ」＋「ノロマはいけないこと」

この2つがくっついた人は、「ノロマ」と言われたとき、ドキッとしていやな気持ちになる。

ノロマと言われても、何も思わない人は、「ノロマ」というキーワードに対して、何も感情を抱かない。逆に、「ノロマ」と言われて嬉しい人もいる。

私は、小さいころ「ノロマね」と言われて、そのおかげで家族や周囲の人から愛情をもらえました。だから、「私はノロマ」＋「ノロマは愛情をもらえるいいこと」だと思っていました。

ノロマと言われると、「また手伝ってもらえる」「愛情をもらえる」「かわいがられる」といったプラスの解釈が入っていたのです。

前世の記憶が、現世の解釈に影響を与えている

解釈の基準には、「幼少期の自分の家のルール」と「親（養育者）の解釈」が大きく影響します。

加えて「持って生まれたもの」も影響します。

私は2人の子どもを育てました。2人ともいまは成人していますが、育児中になんとなく「そうじゃないかな」と思っていたことが、ある映画を観て確信に変わりました。

産婦人科医で体内記憶の第一人者、池川明先生が出演する映画『かみさまとのやくそく　胎内記憶を語る子どもたち』です。

この映画の中に、お母さんの洋服にボタンが付いていると手もつなげない子がいました。胎内記憶がある子で、前世で、ボタンの付いている軍服の人に暴行を受けた記憶が残っていました。だから、怖くてボタンを見られないのです。

そうした前世の記憶を持って生まれてきた子を何千人と調べていました。

私は「なるほど」と思いました。私の2人の子も前世の記憶を持って生まれてきたと感じた瞬間があったからです。

感情セラピー中も、「前世からの記憶」と思われる話がクライアントからたくさん出てきます。

たとえば、私のところへ相談にきた方で、会社でリーダーの役割を果たしている男性がいました。

その男性は、なぜか「リーダーは部下のために犠牲にならなければいけない」と思い込んでいるのです。誰かからそう言われたわけではないし、本で読んだわけでもない。

理由がわかりません。そこで、私はこの方の感情に問いかけてみました。すると、前世では、戦争中にリーダーの役割を果たしていた方で「多くの部下を死なせてしまい申し訳ない」と思っていたことがわかりました。

前世の気持ちが、現世に持ち越されていたのです。

だから、現世では、リーダーである自分が犠牲になり、前世から引き継いでいる「申し訳ない」という気持ちをクリアにしようとしていたのです。

現世では経験していない感情を持っている人はたくさんいます。

その多くは、前世からの気持ちを引き継いでいるのではないかと思われます。

感情に目を向け自分らしく生きると成功できる

現代は自分らしく生きる人こそ成長する

いまは、**「自分らしく生きる人」が成長する時代**です。

かつては、「苦労は買ってでもしろ」「根性で乗り切れ」という考え方がもてはやされました。「とにかくがむしゃらに頑張れ」と言われ、頑張れる忍耐のある人は、まるで器の大きい人のように思われ、尊敬されました。

一方で、やりたいことをやっている人、あるいは、自分の好きなことをやろうとする人は、「自分勝手に生きている」と思われて、敬遠されていました。

でも、時代は変わりました。いまは、**「自分が本当に大事にしていることや、心からやりたいと**

思うことをやっている人」「キラキラ輝いている人」「自分らしく生きている人」が、尊敬される時代になってきたのです。

「自分らしく生きる」とは、自分の心がやりたい方に素直に進むこと、反対に、「頑張る」とは、心がいやだと思うことをやることです。いま成功されている方は、少なくとも数年前に起業し、頑張った時代を乗り越えていらっしゃった方々です。実体験は説得力があるので、「頑張らないと成功しない」と思いがちです。

しかし、私の周りには、**「頑張って」というよりむしろ、自分らしく輝きながら、結果を出している人もたくさんいます。**同じように結果が出るとしたら、「頑張る」と「楽しく」とではどちらがいいですか？　答えは明らかでしょう。一般社会には、根性や頑張ることで結果が手に入る、という思い込みが根強くあります。でも、時代は変わりつつあります。

魅力あるリーダーがいる会社がモテる

なぜ、自分らしく生きる人が成功する時代なのでしょうか。

社会の考え方が変わってきたのです。たとえば、これまで企業は、顧客満足度を重視してきました。いわゆるＣＳです。お客さまの満足度を上げると、売り上げが上がると考えられてきました。

でも、最近では、「まず、従業員の満足度を上げること」が大事にされます。従業員の満足度が高まると、良いサービスができ、それが顧客満足度アップにつながり、それによって売り上げが上がる、と考えるようになったためです。

ブラック企業、ホワイト企業という呼び方もよくされます。劣悪な条件で従業員を酷使するブラック企業は敬遠され、福利厚生がしっかりするなど従業員にとって働きやすいホワイト企業が注目されます。

「会社の方針がすべてのルール」「頑張ることが常識」の時代は、内部告発はあり得なかったでしょう。しかし、いまや会社の常識が一般常識とかけ離れていると、ブラック企業の証としてまたたく間に拡散されます。ネット社会においては、会社の不祥事があれば、すぐにインターネットで地球の裏側まで情報が届いてしまいます。

いまは、**評判がよくワクワクして働きがいのある会社が注目されます。**

では、ワクワクして働きがいのあるのはどういう会社でしょうか。

「魅力あるリーダーがいる会社」に尽きます。やりたいことをやっている人、軽やかで、楽しそうで、輝いている人。つまり、自分らしく働いている人。

「自分の好きなことだけをやっている」「自分勝手」と思われがちですが、実は大きく違います。

好きなことをやっている人は自分の中に犠牲になっている感情がないので、相手にも好きなことを勧めます。心に余裕があるので、人とのコミュニケーションも上手です。

「こうしなければいけない」というコントロールもありません。そういう人の元に、人は集まるし、会社もそういう人を求めています。

好きな気持ちに素直に従えば、いつのまにか成功する

かつて、知り合いの経営者にこんな方がいました。

自分のビジネスを展開する際、「必死に頑張るから応援してください」というタイプでした。

口を開けば、自分の苦労話やどれだけ自分が頑張ってきたのか、という話ばかり。明らかに自分のためだけに頑張っていました。心に余裕がなく、周りの人にまで気が回らず、人の話は耳に入らない。どんどん人は離れていきました。気が付くと、周りには同じようにがむしゃらに頑張る人、苦労をする人しか残っていませんでした。

頑張り続けるには限界があるので、その方のビジネスは自然消滅していきました。

そうかと思えば次のような人もいました。

海外留学の手続きを代行する会社で、手続きの手伝いをしている女性でした。人と話すのが大好きで、留学希望の学生と1時間でも2時間でも話をしました。しかもその内容は、自分の留学経験をもとにした面白く楽しい話ばかり。

「海外に行くのなら、梅干しやしょうゆなど、自分の好きな日本の調味料や食べ物を少し持って行くといいよ」「○○の地区は、絶対に夜遅くにひとりで歩いてはいけないよ」と、手続きとは直接関係ないものの、役立つ内容ばかりです。

気が付くと、この女性の留学手続きの成約率は100%になっていました。

利益や効率優先ではなく、ただ話が好きだから、自分が持っている情報を惜しみなく相手のために提供する。すると、信頼関係が一瞬で出来ますし、好きなことをしている彼女は、キラキラ輝いて見えますから、学生からは好感をもたれる。人は、ファンになると、その人から買いたくなるもの。自然と売り上げアップにつながったのです。

営業が苦手な人は結構います。営業が苦手イコール、感情が「やりたくない」と言っています。人付き合いでもそうです。「何かわからないけど、この人といると楽しい」「何かわからないけれど、この人は苦手」という時があります。こんなふうに思うのは、結局、感情が「この仕事は好き」「あの仕事は嫌い」「あの人は好き」「この人は嫌い」と言っているのです。

自分の好きなことや、やりたいこと、好きな人は、自分の感情が一番よく知っています。「やりたいことがわからない」という方がいますが、自分の感情に意識を向け、感情と仲良くなって、「好き」「嫌い」を区別し、「それはなぜ好きなのか」感情に聞くようにすれば、すぐにやりたいこと（＝好きなこと）はわかります。そして、「好き」と思う仕事をやっていると、留学生の紹介をしていた人のように、無理しなくても、結果がついてきます。

マイナス感情との付き合い方次第で幸せになれる

マイナス感情は嫌わずに仲良くなる

さて、ここまで読んできた方は、「マイナス感情は良くないもの」と思っているかもしれません。

マイナス感情とは「苦しい」「嫌われた」「怖い」「頭にきた」「寂しい」「悲しい」といった感情です。

実際、多くの人はマイナス感情を嫌っています。

前触れもなく湧き上がってきて、コントロールもできず、振り回されますので、厄介なものと思い込みます。人はいつも悲しい目に遭いたくない、苦しくなりたくないと思っています。

でも、**マイナス感情は嫌うのではなく、ちゃんと向き合うと仲良くなれます。**

そして、仲良くなると人生は大きく変わります。


では、どうすればちゃんと向き合い仲良くなれるのか。例をあげて説明していきますね。

あなたがある失敗をして落ち込み、「悲しい」というマイナス感情を抱えていたとします。

1人の仲のいい友だちがやってきて励ましてくれました。

「そんなことで悲しんでちゃダメだよ。もっと頑張って」

あなたはどんなふうに思うでしょうか？

「わかっているよ。だけど、頑張りたくても、頑張れないんだよ」と思うかもしれませんね。

2人目の友人はこんなふうに責めてきました。

「あなたがいけなかったのよ。あんなことするから」

あなたの本音は、

「私が悪かったのはわかっている。痛いところをグサグサ突き刺さないでよ」でしょう。

3人目の友人が現れて、こうアドバイスしました。

「もう全部忘れて、一からやり直せばいいよ」

あなたはどう思うでしょうか？

「それができれば苦労しないよ。私のことなんてわからないくせに！　あっちへ行って」と思うでしょう。

４人目の友人が現れました。この友は悲しむあなたをじっと見て、「なんか悲しんでいるみたい。触るのやめよ。見なかったことにしよう」と去っていきました。

あなたはどう思いますか？　余計悲しくなりますね。

５人目の友人が現れました。その友は、「苦しいよね、悲しいよね。話せるときになったら、話してくれればいいから。いつでも待っているからね」と言って静かに横に座りました。

その人は、静かに呼吸をし、あなたに寄り添い、いつまでも待ってくれています。

あなたの気持ちはどうですか？　落ち着き、温かくなり、「私はね、こんなことしちゃったの。すごく悲しいのよ」と話すかもしれません。

そばで聞いていたこの5人目の友は、「そう。悲しいね。苦しかったね」とやさしく寄り添い続けてくれます。

そんな友人がいてくれたらどうでしょうか？　心から安心し、少し心が軽くなりますよね。

寄り添うことでマイナス感情をフラットにする

実はあなたに「悲しい」という感情が出てきたとき、あなた自身が自分の感情に対して、この5人の友人のいずれかのような対応をしているのです。

1人目の友人のように、「もっと頑張れ」と自分の感情にムチ打っているかもしれません。

2人目の友人のように、「あれがダメだったのよ」と原因を探し、自分を追い込んでいるかもしれません。

3人目の友人のように、「苦しい感情を忘れよう」としているかもしれません。

4人目の友人のように、無視し続けているかもしれません。

5人目の友人のように、自分の感情に寄り添って言い分を聞いてあげているかもしれません。

あなたの傷ついた感情が求めているのは、5人目の友人の対応です。責めることなく、安心できる状態で、ただ感情を共有してくれる。**「苦しかったね。悲しかったね」と気持ちに寄り添ってもらう**と、悲しみの感情はマイナスからゼロ、つまり、フラットな感情に戻りやすくなります。

フラットの感情になったときにはじめて、人は頭が働き、行動できるようになる。この状態になるとアドバイスは効果を発揮します。マイナス感情の真っただ中にいるときには、いくらアドバイスをしても響かない。マイナス感情でいっぱいになっていて、頭で冷静に考えられないからです。**まずは感情を整え、その後にこれからの具体的行動を考える、という順番が大事**です。

では、５人目の友人以外の対応は、すべてダメなのでしょうか。

たとえば、自分の飼っていた猫が突然死んでしまったとします。

そのときに取るとよいのは、どんな行動でしょうか。

「死んだのだから仕方ない。早く新しい猫を飼って元気をもらおう」と具体的行動を探す。

「死んでしまったのは、自分のせいかもしれない」と原因探しをする。

「死んだことを思い出すと悲しいから、思い出さないようにしよう」となかったことにする。

このような対応をする人は多いでしょう。決してやってはいけないわけではありません。

いままでの習慣や自分の癖があるので、やりたいことはとことんやってください。

ただし、それで終わりにするのではなく、**「本当に悲しいね」と自分の気持ちを認識して、その悲しい気持ちと共にいる時間を取る**ようにしてほしいのです。

次のステップとしては、**「何がこんなに悲しいのか」自分の感情を言葉に出します。**

「もう二度と会えないと思うとたまらなく悲しい」とか、「あのフワフワの体をもうすり寄せてこないのかと思うと、悲しくておかしくなりそうだ」のように、何がどんなふうに悲しいのかを、自分の気持ちにピッタリくる言葉で表現できると、自分の感情がわかり悲しみが薄らいでいきます。

「悲しみを認めてしまうと立ち直れないかもしれない」と思うかもしれませんが、感情は表現できるとその状態から早く抜け出せます。まだ言葉に出せないときは、傷が深いのです。無理に言葉にせず、そっとしておきます。自分の感情の奥に隠れている本音が見つかったとき、人は楽になります。本音の見つけ方は184ページで詳しくお伝えします。

「自分の感情に聞く」を習慣にしよう

「感情的になったら負け」って本当？

自分の中から怒りや悲しみや恐怖といったマイナス感情が湧いてきた経験は誰にでもあります。

そうした感情が湧いてきたとき、「怒っちゃいけない」「泣いちゃいけない」と気持ちにブレーキを掛け、同時にマイナス感情が湧いてこなかったことにして蓋をしてしまうケースもあります。

特に、「人とのコミュニケーションでは感情的になってはいけない」「和を重んじましょう」と学んでいる私たち**日本人は、かなりの確率で感情に蓋をしてしまいます。**

「自分の気持ちを表に出すと相手との関係が崩れてしまう。感情的になったら負けだ」と思ってしまうのです。私もかつてはそうでした。当時の話をします。

私は40年もの間、「いい人」になりたいと思いながら生きていました。

「他人からいい人に思われたい」と考える人は少なくないと思いますが、私もそのひとりだったんです。何ごとも波風を立てないように、穏やかに、穏便に過ごしていました。

自分の感情はいつも封印していました。

母とショッピングに行き、「この洋服、満里子にピッタリ。似合うわよ」と言われれば、そのまま受け入れて、「そうね。じゃあ、それにするわ」と、その服を買いました。

もし、そこで、「えっ、私には似合わないわよ」と言ってしまうと、母を傷つけてしまうかもしれない、相手の親切は受け取らないといけない。否定すると二人の間がギクシャクしてしまうのではないかしら。心の奥でそんなふうに思い、何も感じないようにして、母の意見を受け入れていました。明らかに私には似合っていない服を「自分に似合っている」と思い込んで着ていました。

相手に合わせるのは、母に対してだけではありませんでした。

仲良しの友人とランチを一緒にするときも、AさんもBさんもCさんも「本日のランチ」を注文すると、私だけ「パスタランチ」とは言い出しづらく、みんなと同じランチを注文していました。

万事がこの調子で、人に合わせる人生でした。

「主体的に選択している」意識を持つ

でも、いまは違います。感情周りを次のように2ステップで分けて考え、解決しています。

第1ステップ　自分の中から湧き出てくる感情を認める
第2ステップ　感情を表に出す（または、出さなくてもいい）

先ほどの「母との買い物」の例でお話しします。一緒に買い物に行き、母が勧める服があると、以前は、勧められるままにすぐに買いました。自分では何も考えていませんでした。

でも、いまは、第1ステップとして、「私はこの服が好きかどうか」を自分に確認します。すぐに「買う買わない」を決めずに、少しだけ考える時間を取ります。そして、「好きではない」と答えが出たとき、その服は買いません。

そして、第2ステップとして、母に「これは好きじゃないわ」とそのまま気持ちを伝えたり、「もうちょっと他の服も見てみるわ」と言ったりします。大事なのは自分の中で、「好きじゃない」と答えが出たら、「この服は買わない」と意思表示をすることです。

「私はこうする」という意思表示は、相手を傷つけたり、関係性を悪くしたりはしません。

関係性を悪くするのは、「いつもお母さんは自分の好みを私に勧めてくるわよね、私には似合わないのよ！」のように相手を主語にして相手のせいだと取れる言葉で伝える行為です。

相手は「親切で言っているのに否定された」という気持ちになり、気まずくなります。

どんなときも何かを選択して行動に移しているのは自分自身です。自分が決めている事実を忘れ、相手からのアドバイスや圧力で選択すると被害者になる。すると、問題が複雑になります。

苦しみや悲しみや怒りなどのマイナス感情が出てくると、その感情のやり場を探すために、原因となる人を探し始めます。「あの人のせいだ！」と特定すると、マイナス感情の矛先が決まり、バランスが取れるからです。すると、「あの人が悪い！」という加害者を生み、自分は被害者だという図式を自然と作り出してしまいます。バランスのとり方を変えて、**自分の感情と向き合い、自分の気持ちが主体的に選択しているという意識を持てば、加害者も被害者も生みません。**そして、この感情を相手に伝えるかどうかも選択できるのです。

「型」を使って感情を伝えれば、角が立たない

人と話をしていて「カチン」とくるときってありますよね。マイナス感情です。

このマイナス感情をボールにたとえてみます。「いま、いやな気持ちになったのはお前のせいだ！」と思う加害者に、手に持っているそのボール（＝マイナス感情）を思いっきりぶつける。投げられた相手はボールに当たると痛いので、受け取らずに避ける。そして、後ろに転がっていったボールを拾ってきて「私は悪くないわ！」と、思いっきり投げ返す。

そうなると、コミュニケーションがうまくいきません。角が立つのです。

カチンときても、一瞬でいいから「あれ、私、怒っているんだ。何に怒っているんだろう」と、感情と向き合う。その上で、「相手にすぐに伝える」か、「伝えずに自分の中で折り合いをつける」か、「あとで伝える」か、などいろんな選択を自分で考えて実行していけば角が立ちません。

もし、相手に自分の気持ちを伝えると決心した場合、問題が大きくならないように、次の型にあてはめて伝えてください。

「私は」＋「そのときの状況」＋「感情」＋「なぜそう思ったのか」

この型のように**主語を「私」にすると、相手はわかりやすく、感情を受け取りやすくなります。**

たとえば、あなたがＡさんから、自分の家族の悪口を言われ、すごく悲しいと思ったとします。

そのときは、「私はね、実はＡさんが、あのとき、私の家族のことを悪く言ったことがすごく悲しかったの。なぜなら、私にとって家族は大事だから」と言ってみる。

すると、相手はあなたの情報がわかり「そうだったのね」と気持ちを受け取りやすくなります。

伝えたことで、相手が悪口を言わなくなるかどうかは相手に委ねます。相手が行動するかしないか、変わるか変わらないかは、あなたが決めることではありません。

「自分の情報を相手に伝える」のは、コミュニケーションの基本です。

自分の取扱説明書をちゃんと相手に渡しておくと、相手はあなたを理解しやすくなり、コミュニケーションは少しずつ円滑になっていきます。

どんな感情も愛に変わる

感情は太古の昔からDNAに刻まれ続けている「自分を守るため」のサイン

どんな感情もその根本には愛があります。そこに気づくと感情が癒されます。

そもそも、感情は自分の中にある本当に大切なものを守りたいからこそ登場します。

太古の昔、人間が狩猟で生きていた時代、独りぼっちは死を意味しました。たった1人で荒野にいたら、どんな獣に襲われるかわかりません。携帯電話があれば、「助けに来て!」と救助を求められたでしょうけれど、もちろんありません。

だから、1人にならずに集団の中にいました。

「不安」や「恐怖」といった感情は、「1人になると危ない」という心の警告であり、自分を守るためのサイン。大昔に人類のDNAに刻まれたのです。そのDNAを濃く受け継いでいる人は、いまも孤独感に対して強い不安や恐怖を覚えるのかもしれません。

感情が動くと体が反応する

ここからは、私自身が、自分の感情の根本にある「愛」に気づいた瞬間の話をします。

私の実家はサファイアガラスを加工、販売する会社を営んでいます。私は創業家に生まれたことで、経営者の一族として、会社のため、家族のために、自分が成長したい、結果を出したい、という強い気持ちを持っていました。

長い間、成長するには誰かに何かを教えてもらわなければならないと思っていました。そして、社員に対しても、もっと教育して変わってもらえれば、会社の利益も上がると思っていました。

しかし、結局のところ、**自分が結果を出したい、自分が成長したいのなら、周りを変えようと思**

うのではなく、周りに頼るのではなく、自分が変わることだと思い知らされました。相手を変えようと思えば思うほど私の思い通りにはならず、問題は解決するどころか悪化していったのです。

そんなある日、あるセミナーに行き、「感情とは体の反応」というワークをやりました。

自分の中で、すごくしっくりくるものがありました。

そして、自分を変えるには感情を変える必要がある、と思ったのです。自分の中で感情をケアすると、自分の思いが変わっていきます。

以来、自分の感情が動いたときに、あるいは、自分の感情が体の反応として出たときに、自分の感情に向き合うようにしました。向き合い方はこうです。

感情が動いたときに、その感情とともに反応した体の部分を探します。そしてそこにある形を見ていきます。お腹がチクチクしたのであれば、お腹の中を見て、どんな形があるか見るのです。形としてイメージできると、その感情が客観的に見えるようになり、感情と対話しやすくなります。

たとえば、私の場合でしたら、次のような感じです。


「ごめんね、いままでそこにいたの？　気づかなかった」

「いつからいたの？」

「何かしてほしいことある？」

そんなふうに語りかけると、感情は、

「撫《な》でてほしい」

「見ててほしい」

と答えるのですが、その感情がいつも最初に言う言葉があります。それは、

「満里子さんのこと、ずっと守っていたよ」

そして、

「波風立てないように、何も言わないようにしていたよ」

「頑張って、ここで食い止めていたよ」

「いつもこの大切な思いを守っていたよ」

と言ってくれるのです。

けなげに頑張っている姿を見ると、胸が温かくなって、「本当にありがとう」と感謝して、ハグしたくなりました。こうしたことを3000回くらい繰り返してわかったことがあります。それは、**どんな感情であっても、結局は、私を「守るため」あるいは、「応援するため」「譲れない大切なものを守るため」に頑張ってくれていた**こと。つまりは、全部「愛」だったのです。

この愛に気づいた瞬間、私の人生は変わっていきました。

感情と対話する方法は、第5章でさらに詳しく説明します。

相手との関係性を良好にする感情の変換の仕方

感情セラピーを自分に対して行うようになってから、私も会社も変わりました。

その変化の様子をお話ししたいと思います。

既述したようにいわゆる社長の娘として父の会社で働いていました。

「社長の娘」というと聞こえがいいですが、私は重圧を感じていました。「社長の娘だからよくやって当たり前」「普通ではダメ」と、見えない責任を自分に課して働いていたのです。

働きはじめた頃、会社の人に自分をわかってほしい、と思っていた時期がありました。けれど、「わかってほしい」という気持ちが強くなるほど、わかってもらえませんでした。ところが、この気持ちを手放して、自分で自分をわかってあげるようにしたら、周りの人もわかってくれるようになったのです。

私の会社が扱うサファイアガラスには、完璧なものから、ちょっとしたＮＧのあるものまで、多少クオリティの幅があります。お客さまは、「絶対にこの日にほしい」と希望の納期があります。しかし、品質管理の長が、「ＮＧ品が1枚あるから注文ロットにならず、今回は出荷できない」という場面がしばしばありました。品質管理の長は職人気質で、完璧なものじゃないと出せない、と言うわけです。

私は出荷の管理をしていましたが、私が「よし」と思うレベルと、品質管理の長が「よし」とするレベルが違うので、何度か、困ったことがありました。

お客さまの希望の納期がきても、商品が出荷できない状態が発生していたのです。

私は見かねて、あるとき、「私が責任を持つから、出荷しましょう」という決断をしました。それ以降は、私の判断で出荷が決まるようになりました。すると、それ以降、ややこしいことが生じたときは、なんでも「満里子さんに任せておこう」となってしまいました。責任が一気に重くなったので、ストレスも大きくなりました。でも、周囲は誰も気づいていませんでした。

「こんなに頑張っているのに誰もわかってくれない」

「こんなにやっている私をちゃんと見てほしい」

そんな思いが心のどこかに絶えずありました。でも、「満里子さんよくやっているね」という評価の声はどこからも聞こえてきませんでした。

ちょうどその頃、プライベートなことに関して、感情セラピーをやり始めていたこともあり、はたと気がつきました。

「こんなに『わかってほしい』という欲求が強いのは、もしかしたら、私が自分自身をわかっていないからじゃない？」

それから、仕事に関して自分の感情セラピーをしました。すると、**頑張っていた私が出てくる出てくる……。深い部分の「わかってほしい」を愛に変えたあとは、ことあるごとに「本当は、文句が言いたかったのに、言わなかった。よく言わないで頑張ったね」「本当は、悲しかったのに、よく涙をこらえたね。えらい！」と自分に言い続けました。**

かつては、やるのが当たり前だと思っていたことやささいなことでも、「自分を適正に評価するように」したんです。

すると、いつのまにか、誰かにわかってほしいとは思わなくなりました。

それどころかスタッフの良い点に目が行くようになり、「いつも仕事が早くてありがたいわ」とか「ここに気がつくところがすごいわ」と相手の良いところをそのまま口に出せるようになりました。すると、

「満里子さん、いつもよくやっていますよね」

と、私を評価してくれる声がけが届くようになったのです。

前よりも社内のコミュニケーションが良好になり、周りの人たちが自分の判断で仕事をするようになり、私の背負っていた責任は軽くなっていきました。

意外にも、この変化は私だけでなく社員やスタッフの喜びになっていました。

「これまで、なんでも満里子さんが『責任をもつ』と言うから、自分たちのことを信頼していないと思っていました。それがいまは、少しずつ信頼されて、任されるようになって嬉しい」と。

私が自分を理解し、わかったために、自分に素直になれ、その心の余裕によってスタッフの良いところに目が行くようになった。無意識にやっていた私の「頑張っているアピール」はなくなり、スタッフのいいところをそのまま素直に言葉にすることで、相手もいままでの私に対する思いを素直に伝えてくれたのです。それも私が一番欲しかった言葉で。しかも、その素直な思いがお互いに通じ合った結果、関係性が深まり、信頼関係が構築できていきました。

人を変えたいと思ったら、まずは自分の内側にいる自分を認め、心を満たす。それによって、外側の世界も激変し、相手も変わっていくのです。

嫌いな人ができるのは自分の中に愛があるから

ある男性を感情セラピーしたときのことです。

彼は、怒りっぽいのが悩みでした。お話をお聞きする中で私は、「嫌いな人いる?」とお聞きすると、「います」とのこと。その嫌いな人のことを思い浮かべてもらって、「どうして嫌いなのか」理由を話してもらいました。

すると、「迷惑をかけるやつは許せない」という言葉が出てきました。

さらに、対話を進めて彼の感情の奥にいくと「正義感」という、赤くて四角い感情があることがわかりました。正義感が強かったので、その男性はとても怒りっぽかったのです。

小さい頃から強かった正義感はそのまま感情の奥にあって、いつも彼を守ろうとしていました。赤信号を渡る大人を見ると、イラッとし、弱い者いじめをする同級生を見ると食ってかかりました。彼の中に「正しさ」という強固なルールがあるため、そのルールから外れるとイラッと腹立たしくなっていたのです。その強固なまでの正しさがいつできたのか、感情セラピーで探っていくと、「病弱な妹を兄である自分がいつも守っていかなくては」という幼少時の出来事が出てきました。妹さんを守るために小さなお兄ちゃんは頑張って正しさを求め続けた。そのおかげで、正義感というアイテムを手に入れたのでした。この正義感は妹さんを守るための愛そのものだと気がついたとき、彼の心はフッと軽くなりました。

この正義感は、マイナス面だけをもたらしたわけではありません。「曲がったものは許せない」という真っ直ぐな気持ちが彼の根底にあったからこそ、周囲の信頼を集めていました。彼の会社は業績をあげていましたが、それは、彼の正義感があったからこそでした。

赤い四角は、こりこりに固まった怒りで、強いエネルギーがあり、何かが起きると強力な怒りを発していたのです。

怒りの元が正義感であるとわかり、その奥の愛も体感した彼は、怒りを生産性の高い意欲に変換できました。つまり、エネルギーの質が変わり、怒りではなくて、自分のやりたいことにエネルギーを使えるようになったのです。かつては、何かを選ぶときに、いつも正しさから物を見ていたので、「絶対にここしか通っちゃいけない」と思い込んでいました。しかし、視野が広くなって、いろんな道を通れるようになったおかげで選択肢が増えたのです。

また、彼の場合、比較の幅が広がり、いろんな人を理解しやすくなりました。かつては人の好き嫌いがありましたが、いまでは、人との付き合いがしやすくなり、いろんな人と付き合えるようになったのです。「**自分を理解できたために、いやだと思う相手も『なぜそう思うんだ？』と相手の考え方に興味が湧き、違いを認めることで理解も深まった**」と彼は言います。

10人の人がいれば８人はカチンときていた相手が、いまはそのカチンとくることすらなくなったと話してくれました。たとえ、嫌いな人が隣にいても、「まあ、いろんな人がいるからな」と思って、付き合えるようになったのです。

リバウンドしない感情セラピー

マイナス感情に気づくと多くのメリットがあります。

マイナス感情に気づくほど、自分の本音がわかり、自分を好きになります。人を憎み許せなかったマイナス感情の奥にあった愛を見つけると、「自分はこんなことを大切にしていたからこんなに苦しかったんだ！　私っていいやつじゃん」と思えるようになります。

自分は「ダメだダメだ」と思っていたのに「あっ、本当はこういうことを大事に生きてきたんだ」

と温かい気持ちになります。自分と向き合うと、本気で自分を「いいやつだ」と思えるのです。実はここが大きなポイントです。頭で何度も「自分はいいやつ」と唱えても、本音でそう思っていなければ、自分を好きになれません。自分にはウソがつけないからです。

自分を心から「いいやつ」と思えると温かい気持ちになってきます。

この温かさがリバウンドしないコツです。再び同じマイナス感情が登場しなくなるのです。

感情のケアをしてもまた同じ場面で同じ感情が出てきた、という話をよく聞きます。

それは、本心から自分を好きになっていないからです。

たとえば、ダイエットで、「私は痩せなきゃダメ。誰からも好かれない」と思っている女性がいるとします。このように「痩せなきゃ、痩せなきゃ」と思っているうちは、なかなか痩せません。心の奥で「痩せない自分はダメだ」と自分にダメ出しをしているからです。

ですが、**感情セラピーで自分と対話していくと痩せられます**。たとえば、こんな感じです。

「どうして痩せないとダメだと思っているの?」

「誰からも相手にされないから、独りぼっちになってしまう。独りぼっちになると、生きていく意欲がなくなる」

「ってことは、生きたいんだよね。いい人生にしたいんだよね。だから痩せたい。痩せたらもっと素敵になるとわかっているからだよね。自分を大切に思っているからだよね」

「そうか、私は自分を大切に思っているのね。だから痩せたいんだ」

このように**自分に対して愛の温かさを体感すると、自分を受け入れられるようになります。**

「自分は痩せても、痩せなくても、どっちでもいいの。だって自分は自分。自分が好き」と思えると、不思議なことに無理せず痩せられます。自分を無理矢理好きになろうとしても、心がそう思っていないと、また同じ状態が起き、リバウンドを繰り返してしまいます。

「グレーゾーン」を作ると、人に振り回されなくなる

目の前にいる人を好きになれない。人間は感情を持っているので当然です。

でも、「相手に冷たい態度をとってはいけない」という思い込みから、多くの人が「あなたのこと嫌い」という態度は取りません。それはやさしさでもあります。反面「嫌いになってはいけない」

という感情も強くなり、「本当は嫌い」というマイナス感情を押し殺してもいるので、相手のどこがいやなのか、わからなくなってしまいます。でも嫌いだと思っている理由が必ずあります。

その理由がわからないので、その人の中にあるいいところが見えないまま、その人全体が嫌いになります。「自分の価値観と違う人」「マイルールに沿っていない人」は嫌いの対象になります。嫌いな人が増えると当然ながらいやな感情もその分多くなり、不愉快な時間が多くなります。

みんなが平等に持っている大切な時間を、マイナス感情で埋めてしまうことになる。これは、もったいないですね。

いやな人を増やさないためには、相手を正したり、コントロールするのではなく、自分の感情に目を向けます。そして、なぜそんなに嫌いなのか、自分の中に理由を見つけます。理由が見つかり、「よく考えたら、あの人のことはどちらでもいいや」と思えたらしめたものです。

それは、諦めではありません。たとえば、嫌いな理由が「自分勝手」だとしたら、「あの人が自分勝手であったとしても、自分勝手でなかったとしても、どちらでもいいや！」と思えるかどうかです。**大切なのは、お腹の中の本音**です。どちらでもいいと思えたら「いま、その相手との付き合い方をどうする？」と自分で選択します。もしかしたら、「自分勝手は気分が悪いけど、業務連絡のときだけ付き合おう」という選択かもしれません。この主体的な選択が大事です。

どうするかは自分の想いから来た答えを尊重します。「どちらでもいい」と手放していないと「いやだけど付き合わされている」と相手のせいにし、自分が被害者気分になります。その結果、嫌いな相手のせいでいやな時間が増えてしまいます。「どちらでもいいけど、どうする？」という主体的な生き方は、自分主導で被害者や加害者を生むこともなく心の平穏、心の余裕につながります。

自分にしかできない喜びを重ねた先に成功が待っている

テストの解答用紙に「ＹＥＳ」か「ＮＯ」かで答えてきた経験から、多くの人には、どちらか一方を選択するという習慣が身についています。

私には孫がいますが、右手にクッキー、左手にキャンディを持ち、目の前に差し出すとニコニコして両方を手に取ります。「どちらか一方を選択する」という制限がありません。私たちは大人になるにつれ、いつのまにか「どちらか一方を選択するべき」と考えてしまいます。結果が「出る」

か「出ない」か、「0」か「100」かの世界観の中で生きてきたためです。

「目標達成」という結果が出なければ、どんなに頑張ったとしてもプロセスは0。

「良かった」という結果が出なければ、いままでの選択は間違っていたことになる。

すべてが「100」という結果のみOKで、「30までできたこと」「あとひと息の90までできたこと」は評価の対象にならないという経験をしてきました。社会は、「ここまでできたね」「こんなに頑張ったね」と評価しないのが常です。狭き門の「100」に到達した人だけしか評価されないので、到達できなかった人はどんどん自信をなくしていく。

私がコンサルをさせていただいている個人事業主の方々の中にも、100という結果が出さえすれば人生がすべてうまくいくと思い、この100という結果を出すために「もっと」「もっと」と自分に鞭《むち》打って頑張っている方がいます。でも、私は首をかしげたくなります。

私は、成功するために自分を犠牲にして頑張るのではなく、**自分にしかできない喜びの毎日を重ねた先に結果がある**と考えているからです。

このお話をすると、「そんなに甘いと成功できませんよ」と言う方がいます。もし、本音でそう思っていたら成功しません。この本音を変える方法があります。100の結果だけを見るのではなく、０から99の間に目を向けるのです。

社会が評価してくれないなら、「ここまでやった」「こんなに頑張っている」という正当な評価を自分自身でしていくのです。誰かにわかってほしい、ここまでの労力を認めてほしい、そうした思いは多くの人が心のどこかに持っています。でも、誰も評価してくれないので「まだまだ」と自分を奮い立たせています。「自分はまだまだ」と捉えるのが頑張るエネルギーだと思っているんです。でも、そのエネルギーには限界があります。「まだまだ」が膨らむと、「もう無理」という無気力な感情になり、悪化すると病気になったり、うつ状態になったりして、強制終了の日が訪れます。

実は結果を出すエネルギーはまったく違うところに存在します。

自分をねぎらい、やってきたことを認めるのです。

人はみな、心の中に、「幸せ」や「喜び」という水が入ったコップを持っています。その水がいっぱいになるのが結果を出すことだと勘違いし、自分を犠牲にしていやでもやって、頑張り続けます。すると、水は減る一方です。「幸せ」や「喜び」の水でいっぱいにしたかったら、当たり前と思って自分が毎日やっていることを「よくやっているね」「頑張ってきたね」とねぎらい、認めてください。あっという間に水はいっぱいになります。

自分を認め始めると「ない自分」から「ある自分」に目が向き始め、「ある」に満たされていると気がつくと、自然と自分や周りに感謝があふれていきます。

相手を見る余裕が出てきて、相手を認め、ねぎらえるので、感謝が循環します。それがコップの水があふれた状態です。そのあふれたものは減らないのでいつまでも循環し与え続けられます。自分の周りに感謝があふれると、必ず、結果がついてきます。

これが喜びで結果を出す仕組みです。

心からやりたいことに気づくとエネルギーがあふれてくる

メンタルを整えたら目標通りに売り上げをあげられるようになった

ある男性の話です。

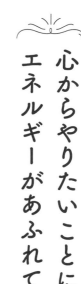

その方は、サラリーマンをしながら、アフィリエイトなどの副業や、マーケティング・スクールへの通学もしていました。目標値も決めて、副業に踏み出していました。

「１年後にアフィリエイトで、１０００万円の売り上げを出す」という計画を立て、そのために逆算したスケジュールも立てていました。「毎月いくらずつ収入を上げよう」と緻密に計画していたのです。しかし、結局数か月で疲れて挫折してしまいました。燃え尽きてしまうのです。そして、またほかのことを新しく一から初め、スケジュールを立てる。けれども、同じように挫折する。結果にコミットしているので、結果が得られない上に、頑張りすぎてメンタルの面が燃え尽きてしまうのです。

これを何年も繰り返していました。ご自身で「メンタルを整えないといけない」と気づいて、感情コンサルを受けにきました。

感情コンサルをしていくと、彼の心の深いところに「幸せになっちゃいけない」「成功しちゃいけないと」という思いがある、とわかりました。当然ですが、「成功しちゃいけない」と思っていると、成功はしません。無意識の中で成功が見えてくると、なぜか、途中で挫折したり、中途半端な形で終わってしまっていたのです。

「なぜ、幸せになっちゃいけない、成功しちゃいけない」と思うのかを見ていくと、「自分はダメ」「父を超えちゃいけない」と心の奥で思っていることがわかりました。

さらにセッションを続けると、「結果が出ない自分は能力がない。ダメな自分が父を超えてしまうと父の立つ瀬がない」とお父さんをやさしく思いやる気持ちが出てきました。

「お父さんを大事に思っている自分がいる」とわかった瞬間、彼は心が温かくなりました。お父さんにこだわるあまり、自分を押し殺していたとわかり、「やっと心が自由になった、肩も軽くなりました」と喜んでいらっしゃいました。

２回目のコンサルでは、「心から何がやりたいのか」をテーマにしました。

「自分がなぜビジネスを始めたのか」「いままで何を大切にしたかったのか」を見つめてみたのです。すると、「お父さんみたいに頑張っている人を応援するために起業した」と気づきました。それが、彼のビジネスの本質だったのです。

自分の思いが「頑張っている人の役に立ちたい」だとわかった途端、彼の中のエネルギーがあふれてきました。そして、自分のやることが具体的にイメージできるようになりました。

イメージに焦点をあてて自分のビジネススタイルを構築していくと、うまく回るようになりました。売り上げも設定以上の結果が出始めました。

３回目のコンサルでは自分のビジネスが「一発屋で持続性がない」と思っている点に焦点を当てました。わかったのは「一発で売り上げをあげたほうが実力がある」と思い込んでいたこと。自分自身の存在意義とも関係がありました。

一度に多額のお金が流れる人のほうがビジネスセンスがあり、その功績は素晴らしく、みんなから認知されやすい、尊敬されやすいという思い込みがあったのです。

「たくさんお金が循環して流れ続けるほうが世の中の役に立ち続けてお客さまも安心してサービスが受けられる。そんなビジネスを展開できる自分自身はかけがえのない存在」という思い込みに変えてもらうために、彼自身が「尊いかけがえのない存在」であり、彼自身が「愛そのものの存在だった」と体感する感情セラピーをしました。

彼は、感情セラピーを受けて、潜在意識レベルのマイナス感情が愛だったと気づき、本当に大切にしたかったこと、ビジネスを持続していく意味を深く理解しました。それによって、ビジネスをやり直せて、いまは順調に進んでいます。

方向性がわからないままビジネスを続けていたために、ミスマッチが起きていましたが、いまは「自分の存在意義」と「頑張っている人の役に立ちたい」と自分の中心ができ、サービスの内容は変わっていっても自分自身がブレることはなくなっているようです。

心の奥の問題を見て解決していくと、ビジネスはうまく回るようになります。

第2章

「自分らしく」「喜び」で生きる方法

自分を幸せにする近道は自分を知ること

いくら資格を取得しても、なぜか不安な理由

ここからは、感情を大切にして、自分らしく生きる方法についてお伝えしていきます。

いまは空前の資格ブーム。国家資格、民間資格を合わせると、かなりの種類があります。

高額なビジネスセミナーもあちこちで開催されています。

こうした資格取得のためにスクールに通っているという声をよく耳にします。何か技術や知識を身につけたり、資格を持っていたりすれば、人生うまくいく。あるいは、将来、何かの役に立つかもしれないから安心。そう考えている人が多いのでしょう。

実は私自身もかつてはそうでした。ビジネススクールに通ったり、さまざまなセミナーに参加したら、うまくいくビジネス方法を教えてくれると思ったのです。でも、深く学べば学ぶほど、自分は何がしたいのかわからなくなりました。

そして、**成功したいなら「自分自身を知る」のが先**だと思うようになりました。

自分自身を知ると、本当に何が自分に向いているかわかります。「人と同じ」ではなく、「自分に向いている」ことをやれば、人生にオリジナリティが出ます。

「お花屋さんになりたい」「ケーキ屋さんになりたい」にこだわるのではなく、「何のためにそれをしたいのか」がわかっていると成功しやすいのです。

なぜかというと、たとえば、お花屋さんを人と同じようにやっていれば、お花屋さんとしてのライバルがいますから、なかなか集客できなかったり、多くの中に埋もれてしまって、人から注目されないからです。

「感情セラピーで人生が変わったから、自分も感情セラピーができるようになりたい」と個人セッションをさせていただいた方からオファーをいただき、感情セラピストの講座を始めました。

「同じ感情セラピストが大勢誕生すると競争になるのでは？」と一瞬不安がよぎりました。でも、すぐに「いやいや大丈夫！」と思いなおしました。私はあくまでもその人らしく結果を出すことにコミットしています。結果を出すためにはそれぞれの人の強みを見極め、ゆるぎない自信に変えていく。それによって、その人にしかできないオンリーワンのビジネスができあがる、とイメージできたのです。

自分の強みは自分では当たり前になっているのでわかりづらいもの。そこでグループの強みでお互いに強みを出し合い、確認していき、自分自身とのつながりを深めていただきました。

ある感情セラピストは、講座が修了したときこんな話をしてくださいました。

「感情セラピーを手に入れるために受講したこの講座で、私は長年の悩みだった『緊張する』というブロックが強みに変わりました。人前では真っ白になり自己紹介もできなくなる。手も震えて字も書けなくなる。いままでこの緊張をなくすためにいろんなセッションを受けて、いろんな講座に出てお金も時間もたくさん使ってきました。けれど、緊張はなくなりませんでした。

感情セラピーの講座でその理由がわかったのです。私は人と同じでないといけない、浮いていいてはいけない、ちゃんとしないといけないと相手に合わせるから緊張していたのです。

自分の強みを皆から教えてもらったとき、私が隠してきたつもりの『浮いてしまう自分』を皆に見透かされているのを知りました。そして、『それがかわいい。ギャップが安心する。そこがあなたの強みよ』と言われたときは、頭にタライが落ちてきたような衝撃でした。受け取るまでに時間がかかりましたが、『信頼する仲間がウソを言うわけがない、私のままでよかったんだ』と心から思えたときに、安心と意欲があふれてくるのがわかりました」

自分の強みがわかり、それを相手が望む内容にして提供すれば、ビジネスは必ずうまくいきます。同じ感情セラピーを使ってビジネスをやっていても、その人の強みがきちんと表現できていれば競争はなくなるのです。

では、強みを知る上で一番大切なことは何か。実は、自分の感情を知ることです。

仕事でも、家庭でも、あなたを守ってくれている「感情」。感情をないがしろにしたままでは、ものごとは始まりません。

既述したように、「感情はやっかいなもの」と思っている人は、たくさんいます。

確かにそうかもしれません。しかし、感情とうまく付き合う方法さえわかれば、そう難しくもないのです。それだけではありません。

感情こそが、いろんなことを教えてくれる情報網です。

感情は、あなたしか感じることができない個性なのです。**自分を一番知っている、その感情とつながると、自分らしく生きられます。**

私もそうでしたが、人は遠くばかりを見ます。幸せはどこかかなたにあるんじゃないか。資格を取ったら、個性的な仕事ができるんじゃないかと思っている。

でも、事実は違います。個性が光っていないと、オリジナリティは出ないから個性的な仕事をするのは難しくなります。今後はますますオリジナリティで人を見る時代になると思います。「自分の好きはこれなの」というものが見つかれば、自分をコントロールしやすくなります。感情こそ個性の塊であり、人間の行動の源といえます。だから感情をていねいに扱ってほしいのです。感情をツールに本当に自分が大切にしているものを見つけましょう。

自分の大切にしているものがわかると、お客さまは自然とついてくる

感情をツールに、自分が大切にしているものを見つけ、幸せになった女性がいます。彼女は、リンパマッサージを仕事にしていました。

リンパマッサージの施術者に憧れて、天職だと思って始めたのです。スタートは委託店長でした。そこで働くうちに、リンパマッサージだけでなく、集客や経理などの仕事もやらなければならないとわかったそうです。当たり前ですが、付随するいろいろな仕事があるわけです。付随する仕事に疲れ果てて私のところにやってきました。

彼女は「リンパマッサージの仕事は天職じゃなかったんだと思います」と言ってきました。

「でも、リンパマッサージをやるのはお好きなんですよね」と聞くと、「施術中は本当に楽しいんです」と答えました。

施術は好きだけど、それに付随する集客が苦手。付随する仕事ができない以上、リンパマッサー

ジという仕事もダメ、と結論を出してしまったのです。

そのときに次のような感情セラピーをしました。

「そもそもなんでリンパマッサージという仕事を選んだの？」

と私は聞きました。

「私の施術を受けた方が、『本当に楽になったわ』と言ってくれたとき、疲れもなにもかもふっとぶ。施術を受けた方には、癒されてほしいし、楽になってほしい。多くの人に幸せになってもらいたいんです」と彼女は言いました。

これこそが彼女の原点です。

大事にしたかったそもそもの原点をはっきりさせておかないと、何かにつまずいたときに、自分のやりたかった仕事そのものがわからなくなってしまう。

原点がはっきりしていれば、何かあったときに、立ち止まってもう一回思い浮かべてみることで本来の自分の姿が見えてきます。好きなこと、苦手なことが見えてくるのです。

彼女の場合は、「多くの人に幸せになってもらいたい」と思っている。それには多くの人を集める必要がある。人を集めるのは集客です。

人はエネルギーの高い人に近づいてくる

「原点」と「集客」を切り離したため、彼女は苦しくなっていました。

「お客さまが楽になると自分が嬉しい」という思いはどこかに行き、「リピーターになってもらうにはどうすればいいか」という集客の部分に意識がいってしまった。

リピーターになってもらうための行動をするほど苦しくなる。

「楽になってほしい」気持ちをそのまま持ち続け、この心地よさをまた体験していただきたいと思う。そのためには、どうしたらいいかなと考える。それが本来の集客。

「そもそも何のためにリンパマッサージをしたいの？」という原点に立ち戻れば、「集客をしよう」と思わなくても自然と人は集まってきます。

私は次のように伝えました。「原点を知り、リンパマッサージで喜ぶ、目の前のお客さまの姿に集中してください。集客は考えなくて大丈夫です」。1か月後、彼女から連絡がありました。

「原点に立ち戻り、『集客』を考えなくなったところ、仕事がすごく楽しくなりました。毎日楽しく仕事をしていたら、お客さんも自然と来るようになりました」

「そもそもなんでやっているんだっけ」という原点に立ち返って、「本当にやりたいことをやらせてもらっている」と気づくと、すべてが解決していきます。

極論をいえば、**自分が「本当にやりたいこと」を認識すると、エネルギーが湧き上がってくる。そのエネルギーに人は集ってくるのです。**

なぜなら、「本当にやりたいこと」をやっている人は、いきいきと楽しく仕事をするからです。「集客大変だな。苦労が絶えないな」といつもつまらなそうな顔をし、話もしてくれない施術者がいるお店と、いつもニコニコ笑顔で出迎えて、いろんな話を聞いてくれる施術者がいるお店があったとしたら、あなたはどちらの店に入りますか。

多くの人が、後者の施術者がいる店を選ぶのではないでしょうか。

自分のやりたいものだけをやり、それを「誰かに届けよう」という思いがあふれていると、人は集ってきます。**集客をしなくてもお客さまがどんどんやってくる。それが本当の天職**です。

問題を解決したければ自分自身に聞こう

自分の軸がわかると、自分の扱い方がわかってくる

自分の感情と向き合い、サザエさん症候群を脱した男性の事例をお伝えします。

この男性は、会社が始まる月曜日が嫌いで仕方ない、と訴えてきました。

「会社に行きたくないんですか」と私。彼は次のように答えました。

「学生の頃から月曜日は学校に行かないといけないから嫌いでした。人付き合いが苦手だから、クラスメートと話をしたくなかったんです。気を遣わなくちゃいけないから」

「何で気を遣わなくちゃいけなかったんですか」

「仲間はずれになりたくなかったからですね」

「みんなと一緒にいたかった？」

「『自分だけ違う』のがいやだったんでしょうね」

「協調性があるんですね」

「でも、決められた時間にみんなで一緒に給食を食べたりするのは、苦痛でしたね」

「みんなと一緒、というよりも、自分の自由な時間がほしかったんですか」

「そうですね。自分の自由にならないのが、いやだったんでしょうね」

「自分の時間を大切にしたかったんですね。ここの時間はこれをやってね」と拘束されるのがいやだった？」

「そう。無理矢理、決められた時間を過ごすのはストレスになります。でも、誰でもそうじゃないですか？」

「いえ、決められた時間を過ごすほうが楽という人もいますよ。あなたは、自分の時間を大切にしている。それがご自身の軸になっているんですね」

「確かにそうです」

この方の場合は、「自分の時間を大切にしたい」という軸がありました。

そして、自分が思っていることはすべての人が同じように思っていると勘違いしがちです。しかし、そうではありません。この方のように時間が自由に使えなくなるとストレスを感じる人もいれば、型にはめられると安心する人もいる。人それぞれ異なる軸があります。

自分軸が見つけられると、生きるのも楽になってきます。

自分の時間を大切にするにはどうすればいいか、会社を起こすのか、もっと違う働き方のできる会社に移るという手もある。問題解決の糸口が見えてきます。

自分は人に決められた時間で、決められたことをやるのが苦手。じゃあ、自分はどうすればいいか。**自分の取扱説明書ができてくる**のです。

時間配分を自分流にやってみたり、会社に相談もできます。

いまの仕事が自分に向いているか、向いていないかもわかってきます。

自分がどうしたいのかを明らかにすると、どう行動すればいいかが、わかってきます。

価格ではなく、「人」の個性で勝負する時代

いまは情報社会です。ほしいものがあったとき、ネットで探すとすぐに「最安値」ショップが出てくる。ネットの発達で、価格重視の社会になっています。

少しでも安いものがほしいときは、いいかもしれません。

ただ、同じ商品でも、「アフターサービスがいい」とか、「ネットで質問したらすぐに答えてくれる」といったショップがあった場合、どうでしょう。

多少高くても、付加価値に魅力があれば、そちらから買う人も少なくないでしょう。

あるいは、その人しか作れないもの、こだわっている商品が提供されていて、そこに心が動けば、その人から買いたくなります。

情報社会で生き残って、ビジネスを発展させていく上で大切なのは、次の2つです。

❶「何かしら、その人（店）らしい付加価値がある」

❷「その人（店）しかやっていない、その人らしいビジネスである」

いずれにしても、**求められているのは「らしさ」、つまり、個性です。**

個性とは好き嫌いであり、この好き嫌いを認識するのに大事なのが感情です。

好きなことは、自分の感情に意識を向けていないとわかりません。

かといって、いやな気持ちが起こるマイナス感情は無視して、ワクワクするプラス感情だけ受け取りたいと思っても、都合よく感情は動いてくれません。

マイナス感情とプラス感情がセットであなたの個性です。

みんなが自分らしく働けば、競争がなくなる⁉

たとえば、前出のリンパマッサージの施術者は、自分よりも年齢のかなり高い、高齢の方々を中心に施術をしています。高齢でも、まだ現役で畑仕事をしている方に、「やってもらって楽になった。仕事がもっと頑張れる」と言葉をかけてもらうと、やりがいを感じると言います。

加えて、自分より年上の人生経験豊富な方から、話を聞くことで、自分の勉強にもなる。彼女はそれがありがたいと思っている。一方、施術を受ける高齢の方も、話を聞いてくれるから印象もよく、嬉しい。だから、また行きたくなる。口コミで広がって、高齢の方々がどんどん集ってくる。

それは、この人にしかできない施術です。

若い人への施術が得意な人もいるでしょう。ベビーマッサージなど、小さなお子さんへの施術が得意な人もいる。特徴のあるいろんなマッサージ師がいると、棲み分けができてきます。1人1人、自分らしさがわかって、自分らしく仕事をすると競争がなくなります。

もちろん、「高級」と「リーズナブル」といった値段も指標の1つです。しかし、今後は、自分と波長が合う人から、自分に合った商品やサービスを買いたいと思う人が増えてくるでしょう。

売り手も、「自分と合う人(=相性のいい人)」に商品やサービスを提供する社会になっていくと思います。それによってクレームが減ります。

私のところに相談に見える方の中に、ときどき「私の話を聞くより、ほかの人の本を読んだほうが、この人には伝わりやすいかも」と思う方がいます。そういう方には、そうお伝えします。

私の話を聞いて心に響く場合は、私のお客さまです。でも、私の話を聞いてもしっくりこない方は、まだ感情セラピーを受ける準備ができていない場合もありますし、相談する相手として私が最善ではない場合もあります。そういう方は、自分に合う方に相談に行かれたほうがいい。そのほうが早くいまの状態を抜け出せます。

私のような、コンサルティングの仕事の場合、「お金がほしい」「お客さんがほしい」と、どんどん仕事を入れていくと、お客さまの層が変わってきてしまいます。自分が望まないお客さま、自分と合わないお客さまがどんどん入ってきてしまうのです。「自分のお客さまじゃない」と思う人ほど、クレームにつながります。

最初はいろんなお客さまと会うのもいいでしょう。でも、「なんか違う」と思ったら、自分の内面を見つめて、本当に自分らしいのは、どんなお客さまかを考え、お客さまを選ぶようにする。これも自分らしく展開するのに大切です。

本当に合うお客さまは似ているお客さまを紹介してくださることが多いです。自分らしさを見つめて一生懸命にやっていると、自分に合うお客さまがついてきてくれるものです。**自分らしさ、自**

分の立ち位置がきちんとわかっていると、競争も、争いも少なくなっていくと思います。

正しいのは誰が何と言おうと自分自身

自己啓発書の「正しさ」よ、サヨナラ

怒るのはよくない。人を憎むのはいけない。感謝すれば、自分が成長する。

自己啓発書でよく目にします。誤解を恐れずに言うならば、私は、これらは「正しいとは言えない」と確信しています。

怒りや憎しみという感情が、もし、芽生えてきたのなら、それは、あなた自身の感情。**感情は人にとって大事なもの。だから、怒りであろうと、憎しみであろうと大事にしてあげてほしい。**もし、感謝の気持ちが出てこないのならそれもあなたの感情。いつくしんであげてほしいのです。

「一般的に良いといわれること」を意識すればするほど、「自分らしさ」は失われていきます。本

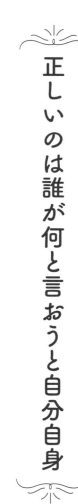

当は悪くないのに、正しさを意識するあまり、自分を責めてしまいます。

たとえば、「感謝するのは正しい」と考える人は多いでしょう。でも、感謝ができないときもあります。すると、「頭では、感謝が大事とわかっている。だけど、どうしたって感謝の気持ちが生まれてこない。私はダメな人間」と自分責めをしてしまいます。

あるいは、「こんなことで怒っちゃうなんて、自分はなんて器が小さいんだろう」と思い込んで、自分責めをする。頭でわかっていることと、実際にはできないことのギャップが生まれて、自分を苦しめてしまうのです。

自己啓発書に限ったことではなく、子どもの頃に親から教わってきた常識も同じです。「親のルール＝自分のルール」になっている。やさしい人ほど、熱心に学んでいる人ほど、自分を責める傾向が強いです。

自分を責め、つらいのであれば、一般常識が大切ではなく、「自分の思いがすべて」「自分の思いが正しい」という解釈に変えてしまいましょう。

一般常識より、感じている自分の気持ちを大事にすると、自分を責めなくなり、人生は楽しくなります。

良い人ほど、自分を責めて苦しんでいる

良い人ほど、やってしまうのがこの「自分責め」です。自分責めは何も生みません。けれど、やってしまう。感情の一番の問題は、この自分責めです。

私のところに相談にみえる方では、10人中8人くらいは自分を責めています。日本人に多い特質だと考えています。日本人は人の役に立つことで喜びを感じる割合が8割、自分の喜びで喜びを感じる割合が2割。欧米人は反対に人の役に立つことで喜びを感じる割合が2割、自分の喜びで喜びを感じる割合が8割だそうです。

人に迷惑をかけると、「自分が悪かった」と過剰に自己反省をする傾向があります。そのため自分責めが多くなりやすいのだと思います。

自分責めがひどくなると、「ポストが赤いのも、私のせいなんです」と言い出す人も。

世の中で否定されていることは、全部自分のせいだと思ってしまうのです。

感情セラピーのグループミーティングでも、沈黙が続くと、自分のせいだと思う方がいました。

「場をしらけさせて、すみませんでした」となぜかあとで謝ってきたりします。「そんなに影響力ないから大丈夫よ〜」と言う私の冗談に、相手は「安心しました」と本気で言ってきます。

自分責めのクセのある人は、何かことが起きたときに、全然関係なくても、「私が悪かった」と責任を引き受けてしまいます。しかし、繰り返しになりますが、**自分責めは何も生まない。むしろ、百害あって一利なし**です。

自分責めの根底にあるのは、「理想の自分になっていない」という思いです。

自分責めしている人は、「これはよい」というのが何となくわかっていて、そこに到達していない自分はダメだと思ってしまいます。

「感謝するのは素晴らしい」「他人の場を乱さないのは素晴らしい」「小さなことで怒らないのは素晴らしい」

頭の中にこうした理解があり、そこに到達していない自分はダメ、と思ってしまう。

だけど、そんなふうに思う必要はまったくありません。

一般常識の「正しさ」だけで解釈しないようにしましょう。

自分の中から湧き上がってくる感情こそが正解！

「正しい」「正しくない」だけで解釈しない。じゃあ、どうすればいいのか。答えはとっても簡単！

自分の中から本当に湧き上がってくる感情こそが正解です。

感謝したいという気持ちが湧き上がってきたら、その感情が大事です。

殺したいほど憎らしいと思っているのなら、その感情を大事にすることです。

思うことがすべて行動につながるわけではないのです。殺したいほどに憎らしいと思っているのに「そう思っちゃいけない」と心に蓋をすると、気持ちがどんどん発酵してしまい大爆発を起こす。

そして、場合によっては本当にことに及んでしまったりするのです。

すべてとは言いませんが、そういうことがあると思います。

「殺したいほど憎い」と思ったら、その感情を大事にして、言葉にしていいのです。ほとんどの人が『殺したい』なんて、恐ろしい言葉を口にしちゃいけない」と思っている。なぜなら「殺したい＝殺してしまう」と勘違いしている人が多いからです。「言葉」と「感情」と「行動」は別です。

殺したいほど憎らしいと思っていたら、自分でその感情を認めてあげることが大事です。

よく「思考は現実化する」といわれます。

それは、ある意味事実です。ずっとお腹に置いておいた思いが現実化するからです。

お腹に置いておいた言葉、言い換えれば、「本音」とも言えますが、希望などの前向きな本音は大切にしまっておいてもいいのです。しかし、気持ちがネガティブになるマイナスの本音は軽くすることが大事です。

引き寄せは、「お腹の中の思い」に起きます。お腹の中にマイナスの本音があると、それがネガティブなものを引き寄せてしまいます。

お腹の中に思いを貯めておくと、潜在意識の中で何回もリピートさせてしまいます。そして、何度も繰り返されるから、現実化してしまうのです。マイナスの本音からスッキリさせるには、お腹の中から出す。お腹から出すには、言葉に出すしかありません。

一度、言葉に出してお腹の中を空にしましょう。もしかしたら、もう一度、同じ感情が入ってくるかもしれないけれど、そうしたら、また出す。少しずつ出していくことで、空間を作れば、ほかの感情が入ってくるようになります。言葉に出すといっても、基本は「その当人に向かって」ではありません。ひとりごとのように言えばいいのです。「あいつが殺したいほど憎い」と。

なぜ、**言葉に出すことが大事なのか。それは、自分の本音に気づけるからです。自分の本音を言葉に出すのは、テーブルの上に感情を出してみるようなもの。**

すると、「あ、そんなふうに思っていたんだ」と認識できる。

テーブルの上に出して客観的に見てはじめて、「いや、でも待てよ。憎らしいことは憎らしいけれど、殺したいほどではないかもしれない」と気づけます。

小さい子どもが「これ買って!!」と思いっきり泣いているときに、「買わない！」「うるさい！」といっても泣き止みません。大人は強制的にその場を離れることで終わらせようとしますが、子どもの中では問題は解決していないのです。

子どもの中の問題を解決したかったら、まずその子の言い分に耳を傾けることです。「買ってほしいの？」という言葉に子どもは反応し、泣くのをやめます。

「買ってほしい」という感情をテーブルの上に載せた状態です。泣くのをやめてはじめて周りの人の声が耳に入ります。「買ってほしい!」といういっぱいになった欲求が「わかってもらえた」に変わった瞬間です。「買ってほしいの?」という気持ちを認めることと、「買う」ことは違います。「なんで買ってほしいの?」「こっちのはどう?」「お家にあるおもちゃで遊ぶ?」など、冷静になった子どもとちゃんと話をすると、子どもの頭の中で主張が整理され、相手を尊重する本当の問題解決ができていきます。まったく同じことが自分の中で起きています。

本気で殺したいほど憎いと思っているその思いを認めると、そこまではないのか、など、自分にピッタリくる表現を見つけ始めます。そのピッタリくる表現を模索すると「殺したいほどではなかったかもな」と冷静に自分の感情を分析できるようになるのです。

「できたこと」に目を向けると、なぜ、もっとできるようになるのか

「自分を大切にする」とは「自分の感情を大切にする」こと

よく「自分を大切にしなさい」といいますが、具体的に自分の何を大切にすればいいのでしょう。

「自分の気持ち」です。**自分の気持ちを大切にしている人が自分を大切にしている人**です。

自分の気持ちを認め、自分を受け入れると個性を認識できます。それは自分らしさを見つける鍵になります。個人セッションをすると、自分のダメなところをずっとしゃべり続ける人がいます。

こんなことができなくてダメな私。朝も起きれなくてダメな私。夫の好きなものを作ろうと思っても、上手に作れなかったダメな私……。

ある主婦の方が、あまりにも「自分はダメ」と言うので、ダメだと思うところを紙に書いてきてもらいました。すると、A5サイズの紙にびっしり3枚も書いてきました。ここまで自分を認識しているのは素晴らしいと思いました。その方にあるワークをやっていただきました。

「目をつぶってみてください」

彼女はそっと目を閉じました。

「いまこの部屋の中に赤いものがいくつあったか、教えてください」と聞きました。

彼女は「2つ」と答えました。

「目を開けてください」

目を開けた彼女は、自分の答えを合わせるように周囲を見回しました。私は、「もっとありますよね」と重ねて確認してもらいました。そして、「では、もう一度目をつぶってください」とお願いしました。

そして同じように、部屋にある赤いものの数をたずねました。今度は「8つ」と答えました。ほぼ正解でした。正解できたのはなぜか。意識していたからです。

この「意識する」のがポイントです。「赤がいくつありましたか」と聞かれるから、「赤い物を探しておこう」と意識する。だから、たくさんの赤が視界に飛びこんできます。

「自分はダメ」と意識していると、「自分のダメなところ」がたくさん目に入ってきます。逆に、**「自分はできる」と意識していると、「自分のできる」ところが目に入ってくるようになります。**この話をすると、彼女は「私には『できているところ』なんか、ひとつもないです」と言いました。「なるほど、では、朝から夜まで当たり前にやっていることを書いてください」とお願いしました。すると、やはりＡ５の紙５枚にびっしりとやっていることを書いてくれました。

「いい」「悪い」とジャッジせずに、ただやっていることを書いてもらったのです。すると、「朝６時に起きました」「家族の食事を作りました」「家族を車で送りました」と、本人からすれば当たり前だけど、すべて「できているところ」が書かれていました。なかには、彼女にしかできないこともあります。普段、意識していないけれど、「こんなにやっているんだ」と数の多さに本人も圧倒されていました。


同じ日常でも、自分のダメなところではなく「当り前にやっている」ことに意識を向けていくと、できていることがどんどん目に入ってきます。すると、人生は劇的に変わっていきます。

後日、その方はブログで「私の人生がこんなに変わりました」と変化を綴っていました。それほど、彼女の人生は変わっていったのです。

望む未来を手に入れたかったら。まず根拠のない自信を手に入れる

私は「未来お茶会」と題して、「望む未来をすべて手に入れた自分」になって語っていただくワークをときどき開催しています。このとき、「本音部分で、目標設定が『いまの自分では無理』と思っていたら実現が難しくなりますよ」とお話ししています。たとえば、「1億円稼いだ」という目標設定をして毎日それを唱える。自分では「ちょっと難しいな」と思っていたらそれが本音。頭と心の本音にギャップがあり、毎日自分にウソをつくことになります。頭では「こうなりたい」、でも心では「無理」と思っている。このギャップが、望む未来が手に入らない理由です。

では、手の届かない目標はイメージしないほうがいいのでしょうか？　そうではありません。「こうなりたい」は、あなたの未来にその予定があるからイメージできるのです。**「こうなれたらいい**

な」と思うことは、「こうなる！」とまずは決めます。人生の予定にするのです。毎日行っている会社に「明日は行けないかもしれない」と心配はしないものです。予定になっているからです。1億円稼ぐことも予定になっていれば、心配しないで大丈夫です。やったことがないと、道順や方法がわからないので不安になります。不安になるから、「できない」と思い込んでしまいます。でも初めてのことは、誰でもやり方はわからないのです。

1億円以上売り上げている社長や、いろんな事業を成功させている社長に、「最初から、すごい売り上げを達成するためのプロセスを知っていましたか」と聞いてみると、みなさん、「知らなかった」と口をそろえます。ある社長は「知っていたら世の中の人みんなが億万長者だよ！」と笑っていました。本当にその通りです。「1億円以上の売り上げを達成できる人と達成できない人の違いは何ですか」と聞いてみると、「よくわからないけど『自分はできる』という根拠のない自信があったから」という方がほとんどです。

つまり、**実現する人としない人との違いは、「根拠のない自信」があるかどうか**です。この根拠のない自信はどのようにしていったら身につくのでしょうか？ それは**自分とのつながりを深めていくこと、自分の本音を聞いてあげる**ことです。いいとか悪いとか自分の思いをジャッジするのではなく、「そう思うのか」「そんなふうに感じるのか」と自分の感情に目を向けていくことです。

　自分の思いを理解していくと自分がよくわかってきます。自分の感情の声を聞く感情セラピーは、自分とつながりを深め、自信を深めるアイテムでもあるのです。

第3章

マイナス感情を
プラス感情に
変えるコツ

「スタンプカード式」感情コントロール法

感情はためるから爆発する

感情が人生の質を上げるのにいかに大切か、感情をうまくコントロールすることで自分らしく生きる方法について、お話ししてきました。ここからは、具体的にマイナス感情をプラス感情に変えていく方法をお伝えしていきます。

感情はコントロールできます。ため込まずに、うまくケアすればいいのです。

そのために、まずやることがあります。

「**感情を見つけること**」です。

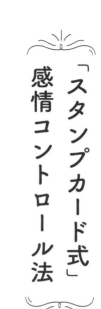

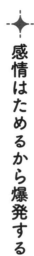

いやなことがあったり、いやな人にあったりすると、人は心の中で相手に対してスタンプカードを作ってしまいます。１人に１枚ずつ作っていると思ってください。

たとえば、あなたが、「Eさん、仕事ができないんだよね」と思った瞬間にEさんのカードにスタンプを１つ押す。次の日「Eさん、上司から怒られている。やっぱり仕事ができないんだ」と思って、もう１つスタンプを押す。

別の日は、「Eさんたら、今回は私の仕事まで失敗した」と３つ目のスタンプを押す。

このようにスタンプを押し続け、いっぱいになった途端、人は相手に対して感情を爆発させます。「キレる」のです。マス目の数は人によっていろいろです。

マス目の数が多いほどキレにくく、少ないほどキレやすいです。

忍耐力がある人なら、50個も１００個もマス目があるかもしれない。すぐにキレる人は、３個、あるいは5個かもしれません。

さて、Eさんのスタンプもたまりにたまっています。そして、「Eさん、落ちていたゴミを拾わなかった！」で最後のスタンプを押してしまったとします。

あなたは、いよいよキレて、声を荒げて言います。

「なんで、いまのゴミを拾わなかったの！」と。

あなたは、最後のスタンプだけでその人を見ます。いままで押したスタンプは見えていません。だから、「私、こんなちっちゃなことで、キレちゃって、どうかしている。私って感情のコントロールができないんだわ」と自分を責めることになります。

周囲の人にもそのカードは見えていませんから、「あの人、ゴミを拾わなかったことぐらいでキレている」と思われます。

つまり、キレた上に自分を責め、人からも変な目で見られる、という三次被害が起こります。

ちなみに、怒鳴ると気持ちはスッキリして、押したスタンプはクリアになるのです。

自分の感情を認めれば、マイナス感情は消えていく

スタンプカードのスタンプは、怒鳴らなくても、1つ1つ消すこともできるのです。消せればキレることはありません。**消す方法は簡単です。自分の感情を見つけて認めればいいのです。**

「あの人がミスして、私に迷惑が掛かったから、すごくいやだったんだわ」と、自分の気持ちがわかると、3つ押したスタンプのうち1つを消すことができる。

「あの人は、仕事ができなくて上司に怒られていたけれど、私には関係ない。あの人の問題ね」と**自分の問題から分けると、もう1つ消える。感情をケアすると、スタンプは消していけます。**

ここでいう、感情のケアとは、自分にベクトルを向けることです。

「あの人、いやだわ！」じゃなくて、

「私、あの人がいやだったんだ」と思う。

「あの人、ゴミを拾わなくていやだわ」じゃなくて、

「私、あの人がゴミを拾わないことが、いやだと思っているんだ」と思う。

「あの人、怒鳴るなんて、ひどいわ」じゃなくて、

「私、怒鳴られると、傷つくんだわ」と思う。

そうやって、「あの人」に向けていたすべてのベクトルを「私」に向ける。

いつまでも相手の行動を見続けるのではなくて、自分の感情を見てあげるのです。

Eさん、
怒鳴るなんて、
ひどいわ
↓ではなくて…
私、
怒鳴られると、
傷つくんだわ
Eさん、
ゴミを
拾わなくて
いやだわ
↓ではなくて…
私、Eさんがゴミを拾わないことが、いやだと思っているんだ
Eさん、
ミスして
ダメな人
だわ
↓ではなくて…
私、Eさんが
ミスするのが
いやだったんだ
すべてのベクトルを
「私」に向けよう
POINT CARD
Mr.B
POINT CARD
Mr.B
星消えた！

自分のマス目ができた「私」の理由を見つけると、感情がケアでき、マス目を消せます。勘違いしないでほしいのは、「心にスタンプカードを作らないほうがいい」わけではないということ。毎日の人との関わりの中でスタンプカードを作ってしまうのは、仕方ありません。

スタンプカードは作ってもいいし、スタンプは押してもいい。その消し方さえわかっていれば、感情が爆発する前にコントロールできるようになります。

感情が動いたとき、スタンプを消そう

スタンプを消すのは、自分の感情が動いたときです。

たとえば、「すごくいやだな」と思ったとき。最初は、書き出すといいでしょう。その出来事と感情を具体的にそのまま書くのです。

「今日は、○○さんと会ってこんなことがあってすごくむかついた」といった具合です。

もちろん、その出来事があったときには、いろんな感情が湧いてきているし、その人もいますから、自分の感情と向き合うのは難しい。

１人になったときに、その場面を思い出すようにします。すると、「こんなふうだった」ともう一度感情が蘇ってきます。そうしたら、自分の中で、「こういうことがいやだったんだ」とベクトルを自分に向けてみるのです。

１人になったとき、トイレの中、運転をしているとき、お風呂に入っているときなど、**周囲の雑音が入らずに、自分だけの時間が取れたときに自分にベクトルを向ける**といいでしょう。

もちろん、やりたくないときは、無理にやる必要はありません。「まだ、いまは感情が痛いからやめておこう」とやめていい。タイミングがあります。自分と向き合いたいと思ったときにやる。

「この出来事がまた起きたらいやだな」と思ったら書いてみましょう。

すごく頭に来たときの消し方もお伝えしておきます。すごく頭に来ているときに、「私の感情は?」と見ても、なかなか自分のほうにベクトルは向きません。

「あの人、絶対におかしい!」と思ったら、1人のときに思う存分相手の悪口を言いましょう。**その人と離れたところで、一度口に出してみる**といいです。「あの人、絶対におかしい!」と。

感情を外に出して、気が済んだら、次のように自分に問いかけてみます。

「私はどうしてほしかったんだろう?」「私はどう思っていたの?」「なんで、そんなに腹が立っているの?」

こんなふうに自分のほうにベクトルを向ける。

自分を見ることが、感情ケアにつながります。

感情のケアのやりかたは、3章でさらに詳しく説明します。

波だった感情は「口に出す」か「紙に書く」と収まる

感情を口に出すと原因探しを始める

感情のケアに慣れないうちは、書いておくのがおすすめですが、慣れてきたら、口に出しましょう。より手厚くケアできます。感情を口に出す人は少ないかもしれません。なぜなら、口に出すと、感情が増幅すると思っているからです。

「怖い」と口に出してしまうと、怖いことが起きてしまう。だから、「言ったらダメ」と思っています。しかし、実際は、**怖いときは、「怖い」と口に出さないと解決しません。**

私はこれを高速道路で車を運転しているときに確信しました。

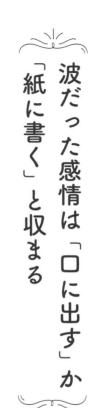

日常的に運転をしますが、私は高速道路での運転がすごく苦手でした。同じ速度で、いろんな車と走るのがどうもダメ。合流があったり、追い抜かれたあと、再びぱっと前に入られてしまうと、「どうしよう」と焦ってしまうタイプです。ですから、いつも「怖い怖い」と恐れながら運転していました。緊張していますし、『怖い』と口に出してしまうと、感情が増幅されて余計に恐怖感が増す」と思っていたので、口をぎゅっと結んで、ハンドルを握りしめていました。

でも、あるとき、試しに「怖い」と口に出してみました。すると、意外にも気持ちが落ち着いてスムーズに運転できました。口に出すと、感情が増幅されるのではなく、逆に減っていくとわかった瞬間でした。なぜなら口に出すと、**自分が何を恐れているかがわかり、理由もわかります。理由がわかると、対処法がわかる**のです。

高速道路に入って、「怖い怖い」と言いながら運転したら、いつのまにか「合流するのが怖いんだ、私」「急に入ってこられると怖いんだ、私」と自分を落ち着いて見られるようになりました。すると、「急に入ってこられるのは、私がトロトロ走っているからだわ。もう少しスピードを上げてみよう」「車間距離の空けすぎかもしれないから、車間距離を詰めよう」と、自分なりに考えて行動する。すると、スムーズに運転ができて出口に着く頃には自信も出てきました。高速道路の運転は、いまも好きではありませんが、前に感じていた「怖い」感情は、いまはなくなりました。

「怒り」はためると「恨み」に変わる

恐怖だけでなく、「怒り」も言葉に出しておく必要があります。

「怒り」は、ずっとお腹にためておくと、腐敗して「恨み」に変わってしまうからです。

怒りだけでなく、ほかのマイナス感情も出しておかないとたまります。ため込むとどんどん重くなり、身動きが取れなくなります。

外に出すと、自分で自分の感情を理解できる。理解できることが、大事であり、1つの効果的な感情のケア方法です。繰り返しになりますが、感情を表に出すと言っても、あくまでも自分1人のときに口に出すのがおすすめです。

相手に感情をぶつけるのは、エネルギーのたまった大きいボールをいきなり、ボーンとぶつけることと同じです。すると相手は急に強いボールを受けますから、「痛いよ！ なんでそんなに強いボールを投げてくるんだ」と、強いボールを投げ返してくる。すると、こちらとしても「だって痛かったから」とまた投げ返します。それがどんどんエスカレートしてしまうのです。

「ふざけんな！ アイツ」と言葉に出してしまおう

持ったボールを自分が置けば、ケンカに発展しない

自分の感情が波立っているときは、自分でケアし、フラットな状態にしておくことが大切です。夫婦げんかをはじめ「感情が波立つ場面」はいろいろあると思います。

そうなったときの、**感情ケアの最初の一歩は「感情が波立った場」を離れること**です。

落ち着くまでそこからいなくなる。そして、どこかに行って、1人で思いきり文句をいう。離れようと思っても、お客さまや子どもがいて、その場から離れられない場合もあるでしょう。そのときは、むしゃくしゃするけれど、とりあえず、そのまま感情をメモしておき、必ず**1人になったと**

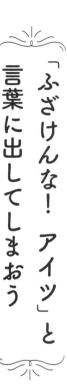

きに口に出すなどして感情のケアをします。

「ふざけんな！　もう！　アイツ」でもOK。言葉は悪いかもしれませんが、1人になったときに言うのですから、大丈夫。誰も見ていませんから。

むしろ、ちょっと大げさなくらいがいい。「殺したいほど、悔しい」とか。「殺さなくてもいいけど、もう、絶対に許さない」とか、そこは我慢しない。

そこを我慢するから、感情に蓋をすることになり、モヤモヤはいつまでたっても解消せず、ちょっとしたことで同じ感情が登場します。ひどくなると、うつ状態になってしまいます。そのときの感情をしっかり言葉にすると気が済みます。

「こういうこと言うのは、小さい人間なんじゃないか」と思うかもしれません。でも、「いま、この1時間だけは、絶対に何がなんでも言う」と決まった時間だけ、自分に許可を出してください。

感情は口に出すと軽くなっていくのです。

トイレの中とか、車の中とか、カラオケボックスに行って言うのでもいいのです。

一度言わないと、クリアになりません。

外に出すことでスッキリとして、やっと整理ができます。

相手は１００％変わらない。自分が変わろう

ちゃんと言わないことで、イライラやモヤモヤが持続し、本人の前で出てしまうこともあります。なぜなら、「相手のせいで私はいつもいやな思いをしている」という被害者意識があり、この自分の感情を楽にするには、相手の行動を直してもらう必要がある、と考えるからです。相手を正す方法しか、知らないのです。けれど、**実際のところ、相手は１００％変わりません。**相手をなんとかしようとする行為は難しい選択です。

では、どうすれば、相手が変わるのか。

先ほどお伝えした型を使います。自分から「自分はどっちでもいいよ」というスタンスで、

「私は」＋「そのときの状況」＋「感情」＋「なぜそう思ったのか」

の思いを相手との間にあるテーブルの上に置くことです。たとえば、「私は、（状況）仕事を頼まれて＋（感情）いやな思いをした＋（なぜならば）ほかに仕事がたくさんあるのに、さらなる仕事を頼まれたから」とボールを置きます。

テーブルの上に置かれると、相手も対応がしやすくなります。

そして、それを受け取ってもいいし、そのままでもいい。相手の選択肢になるのです。たいていは、「あれ？　テーブルに載せたんだね」と相手の心に緩みがでてきて、余裕が生まれます。「置いてくれたなら、手にとってみようかしら、理解してみようかしら」という選択をしてくれます。

「テーブルに置く」ことを知らないから、「どっちでもいい」と思えず「あんたが悪い！」と相手を攻撃してしまいます。あるいは相手に押し付けようとする。「こっちが正しいのよ」と。

「どっちでもいい」と思えることが、テーブルの上に置くということです。

受け取るか受け取らないかは、相手の問題です。自分は自分のケアをちゃんとすればいい。自分の心を見て、「どっちでもいいけど、自分はこうだったんだ」と言えればいい。

問題をどんどん切り分けていきましょう。切り分けていくと、どんどん平和になっていきます。

誰かに愚痴を言うのも感情ケアに効果抜群！

ある男性は、ダイエットをしていて、お腹が減るとイライラして、奥様にあたってしまうことがありました。

奥様はそのときは、さっとどこかに行って、離れてくれました。彼自身も、外に出ていつも行くカフェのマスターに愚痴をいうことにしたそうです。そしてそのあとは、すっとして、家に帰って仲直りをしました。

この方のように、**「感情がイライラしたときに相談する人」を見つけておくのはよい方法です。**

愚痴を聞いてくれる人は、一緒になって奥様の悪口をいうような人じゃなくて、「そう、そんなことがあったの」と寄り添ってくれる人。フラットに受け止めてくれ、中立の立場にいてくれる人がベストです。大きくもなく、小さくもなく、「こういう気持ちなんだよ」って言ったら、「ああ、こういう気持ちなんだね」って同じ大きさの感情を受け取って返してくれる人がいいわけです。

自分の気持ちを大きくもなく小さくもなく等身大でわかってくれる人に話すと、一番楽になります。そして、自分の思いに気づけかせてくれます。

サラリーマンが、東京の新橋あたりで愚痴を言っているのは、理にかなっています。「愚痴を言うのはよくない」とか、「同僚と愚痴を言うのは最低」と考える人もいます。でも、そんな本音を言える赤ちょうちんがあったことで日本経済が成り立っているのは事実です。

女性も、井戸端会議でうさを晴らします。

女性のほうがおしゃべりで感情のケアをするのが得意です。男性からすると何の生産性もなく、ただの本音を言い合うことは理解不能かもしれません。でも、女性は感情表現が豊かで、それによって自分をケアします。だから、キレることは、男性ほどではない。男性は、あまりしゃべらず、黙々とやってしまうから、余計にたまってしまって「バーン」と破裂してしまうのです。

何も直接顔を合わせて愚痴を言わなくてもいいと思います。LINEなどのSNSを使って本音を言うことも有効です。

本音を言わないことがストレスにつながっている

何がストレスになるか。それは「本音」が言えないときです。**本音を言える機会を増やしていくことが、楽に生きていけるコツ**です。職場でも、家族の中でも、夫婦の間でも、本音を言えるのが一番楽です。けれど、なかなかそうもいかない。

それが、言えないなら、自分で自分のケアをしましょう。1人でいるときに、口に出す。要は心の中から出してしまえばいいのです。

歌舞伎役者の市川海老蔵さんは、ご自身のブログで、亡きあとも奥様の故小林麻央さんとのLINEをつないでいると言ってました。もちろん、返事が返ってきたり、既読になることはないけれど、「今日はしんどかった」「これだけ頑張ったよ」というのを、彼女とのLINEに書くのだそうです。

生前、誰にも言えない弱みでも、彼女にだけは言えたそうです。いまは、目に見える麻央さんの姿は、ありません。それでも、自分の本音や弱みを言えた2人のコミュニケーションの場は、いまでも、彼にとっての感情の整理の場、安心の場として、在り続けているのです。

2人のお子さんを育てたり、歌舞伎役者として演じる苦労があったりつらいことがあっても、LINEの向こう側に奥様への信頼があるから、強く立っていられるのだと思います。

欲求がかなわないから感情が出てくる

感情レベルはマズローの欲求の5段階に結びついている

「マズローの5段階欲求」と感情は大きくリンクしています。マズローがいう「欲求が満たされない」からさまざまな感情が登場しています。

最初に登場するのが、「生理的な欲求」、すなわち、衣食住の欲求です。

戦後の日本は、食べるために、着るために、住むために、いまここを生き抜くために、と頑張ってきました。

感情セラピーをしていても**命に関わる思い込みのために行動できない人がたくさんいます。**直結しているのがお金のブロックです。お金がないと食べていけない、生きていけない、とお金がなくなった恐怖にとらわれています。命に関わる欲求、それは生きているからこそ出てくる感情なのかもしれません。

「安全欲求」は、外的要因からの安全や心の安全の欲求です。

感情セラピーをやっていてつくづく思うのは「安全を手に入れないと感情は表現できない」ということ。自分の本音を表現したら、嫌われる、1人になる、殺されるなど、表現の自由がなかった時代のトラウマがよく出てきます。

時代は変わり、言論も自由だと頭ではわかっていても、人と同じでなければならない、目立たないようにしよう、自分を表現しないほうがいい、などどこかで思っています。それは、「安全」が手に入らなくなることと深く関係しているのかもしれません。

「社会的欲求」は、孤独や追放などの独りぼっちを回避し、つながりを感じたい欲求です。

「人とつながりたい」「仲間といたい」という欲求は、SNSが盛んなことでも見て取れます。

配偶者を亡くして、1人になってしまった老人が認知症になってしまったり、孤独死で亡くなったりしてしまうのは、社会との関わりが切れたことが原因ではないかと思います。人は１人では生きていけない。誰かとつながっていればこそ、生きられるのです。

人との付き合いは、自分との付き合い（＝つながり）と同じです。自分自身とのつながり方がわからないから、自分との信頼構築がわからない。自信がないから、人との関係も薄くなるのだと思います。自分とのつながりとは自分の感情とつながること。これが何より大事です。

「承認欲求」は、その字のごとく、承知され認められる欲求です。

「認めてほしい」「受け止めてほしい」欲求は、感情を扱っていると一番多く出てきます。「わかってほしい」も一種の承認欲求です。他人から、評価してほしい、尊重してほしい、認めてほしいという欲求が出てきたら、自分を満たしていない状態にあります。自分で自分を評価していなかったり、尊重していなかったり、認めていないということです。人への想いは自分への思いの鏡です。その欲求に寄り添って自分の感情を大切にしましょう。

「自己実現の欲求」とは、自分が潜在的に望んでいるものを「実際の結果」という形で表現したいと思っている欲求です。

下から順番に、生理的欲求、安全的欲求、社会的欲求、承認欲求を満たしていないと、自己実現を手に入れても、虚しかったり幸せ感が持てません。いつの間にか、４つの欲求を満たすことが自己実現だとすり替わってしまっているからです。**生理的な欲求から承認欲求までの、自分の欲求を満たしていきながら手に入れる結果が、本当の意味の自己実現**だと思います。

マイナス感情があるからこそ、世界は発展してきた

人はその欲求があるからこそ、不安、悲しみ、驚き、軽蔑、反発、絶望、劣等感、憎しみ、同情、後悔、罪悪感、恥ずかしさ、劣等感、怒り、ねたみ、嫉妬、残念さ、責任、苦しみのようなマイナス感情が出てきます。

でも、その欲求がなければ、いまの日本や世界の発展はありませんでした。

人は「もっとこうしたら便利なのに」「こうなったらいいのに」という欲求を持っていたからこ

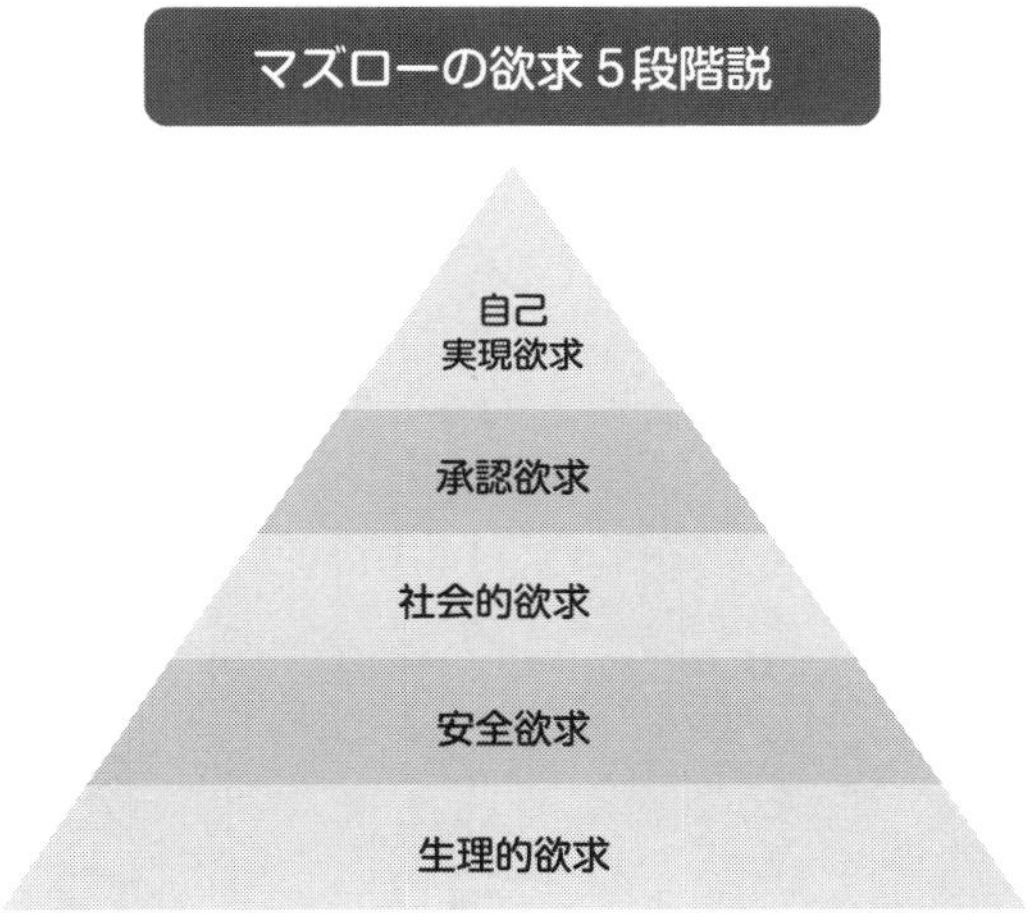

そ、生きていく知恵を出し合い、命を守り、便利なものを生み続けています。私たちも自分の欲求があるからこそ、人生をより良くしようと、行動し、成長があるのです。もっと良くなりたいから、行動し、それによっていろんなことが起き、感情が動き、いまがある。この感情セラピーでその感情を変えて、より自分の成長に貢献できる方法を身につけてほしいと思います。

「心が落ちたときの」緊急避難場所を見つけておく

感情が落ちたらトイレや給湯室に逃げる

感情に何かが起きたら、既述したように、まずは、その場を離れ、自分を安全な場所に連れて行き安心させることです。安心が手に入らないと、いつまでたってもマイナス感情はクリアになりません。落ち込んだときはまず、「自分がどうすれば安心できるか」を考えます。

たとえば、自宅のリビングで夫婦げんかをしたとします。いつもならリラックスできる場所であっても、けんかのあとは、とげとげしい雰囲気を残しています。自分が安心できる安全な場とはいえません。しかも、同じ空間にまだ相手がいたとしたら、心が静まりません。

そんなときは、可能であれば、けんかした相手がいない場所に自分を連れて行きましょう。家の近くの公園でもいいし、行けばいつもホッとするカフェでもいい。

普段からそういう「ホッとスポット」を探しておくことをおすすめします。

会社であれば、トイレや給湯室でもいいと思います。上司に注意を受けている途中で出ていくのは難しいけれど、上司の話が終わった途端に行けるところを見つけておく。上司の視線からすっと消えるような場所に行くと、安心できるでしょう。

「この人と話をすると落ち着く」という人も見つけておきましょう。

「ちょっといい？ 電話で愚痴るんだけど、聞いてくれる？ ゴメンね」と言える人です。

心が落ちているときは頭が働かず、「どうしたらいいか」わからなくなります。ですから、**心が元気なときに、「心が落ちたときの緊急避難場所」を見つけておきましょう。**

いま、日本は地震発生時などのとっさのときに、すぐに逃げられるように、あらかじめ緊急避難場所が決められています。それと同じように、落ち込んだときの緊急避難場所を決めておくのです。

自分をいたわるリストを作っておく

心が落ちたとき用に「自分をいたわるリスト」を作っておくのもおすすめです。自分の気持ちが落ち着くなら、どのようなもの、どのようなことでもOKです。たとえば、次のようなものがあります。

●お気に入りの音楽を聴く

好きなミュージシャンの音楽でもいいですし、小鳥のさえずりや、波の音のような環境音楽を聴くと落ち着く人もいます。

●好きな香りをかぐ

アロマショップで好きな香りの精油を選んで用意しておくといいでしょう。心を落ち着かせる効果をうたった香りもあります。

●人ごみに行く

人ごみを歩いていると落ち着く人は、にぎやかな場所に行くのもいいでしょう。

●緑の多い公園に行く

自然には心を癒す効果があるといわれます。

●ぬいぐるみを抱きしめる

「やわらかいぬいぐるみを抱きしめると落ち着く」という人は少なくありません。

●温泉に行く

リラックスの定番は温泉です。

●カラオケボックスで歌う

あるカラオケメーカーと大学の共同研究では、「カラオケを歌うことで、ストレスホルモンが減少する」ことがわかっています。カラオケが好きな人は、１人カラオケもいいでしょう。

●叩けるものを叩く

サンドバッグでも、太鼓でもいい。あるいはクッションでもいい。叩いても壊れないものを用意しておくといいでしょう。新聞紙を丸めて、地面などの固い場所を叩くのもいいと思います。

テレビドラマや映画などで、怒った登場人物が、感情に任せてその辺にあるものを蹴り飛ばすシーンが出てくることがあります。演出の意図はそれぞれでしょうが、感情セラピーの視点から見ると、非常に理にかなっています。叩くという行為に乗って、感情が出ていきます。

私の息子は子どもの頃、非常に活発で、雨の日に家にいるとエネルギーが有り余ってしまい、夕方になるとストレスがたまっているのがわかりました。いつもなら上手に遊ぶブロックを投げてみたり、走り回ったり、明らかにいつもと違う行動になる。

そんなときは、「裏山に行って、木でも叩いていらっしゃい」と言いました。我が家の裏には神社に並列している大木がいくつも林立しています。すると、息子は、素直に小さな棒切れを拾って、木を叩いていました。木を叩くといっても、子どもですから、それほど強い力はなく、自然を痛める心配はありませんでした。息子は、ひとしきり叩くとスッキリし、いつもの状態に戻りました。

太鼓やドラムを叩くのはかなりのストレス解消になっていると思います。ただ、いろんな方がいて、叩くとストレスがたまる人もいます。そういう人は、もちろん叩かないほうがいい。

大切なのは、自分が一番スッキリする方法を見つけておくことです。

いろいろな方法があり、世界共通の正解はありません。

たとえば、風水や占いで、西側に〇〇色のものを置いたら幸せになる、運があがる、と言います。ですが、感情セラピーでは、**「自分がここに置くとしっくりくる」「自分がここに置くと気持ちがいい」と思うところが、その人にとっての運気の上がる場所**であり、正解なのです。答えは、誰かから聞くものではなく、自分の心の中にいつもあるのです。

「これを持っているとうまくいく」「こういうふうにするといい」という一般情報に惑わされないこと。多くの人は人からのアドバイスを素直に受けすぎます。まじめな人ほど、「これがいい」と言われると、そのまま実践してしまう。

やって効果がないと、「自分はダメだ」と思って自分を否定します。あなたにとっては正解の方法ではなかっただけなのに、一般的な情報に惑わされて、自分がずれている、自分が違っている、と勘違いします。自分の正解は、自分の中にあり、自分しか知らない。

一番スッキリすることは、個人差があって、自分のことは自分しかわからないのです。自分がスッキリすることは、最初はわからないかもしれません。いろんなものを試してみてスッキリするもの、しっくりくるもの、自分にあうものを見つけ、「自分リスト」にしておくとよいでしょう。

解決できない問題は「棚上げ」しちゃいましょう

解決できるタイミングを待てばいい

問題がすぐに解決できない場合は、「いまは無理。でもいつかは解決する。いまは考えないでおこう」という考え方もありです。その場で何とかしようとすると、どうしても苦しくなってしまう場合に有効です。ひとことでいうと、**問題の解決を先送りする**ことです。人にはそれぞれ、その人にベストな解決のタイミングがあります。

たとえば、親とけんかをしてしまった。人によっては、「親子げんかはよくないからすぐに仲直りをしなければ」と思うでしょう。しかし、「さっきの暴言は、いまは許せない」と思っているとしたら、「棚上げをする」という選択をしてもいいのです。

けんかした親を感情がまだ許していないのに、何とか仲直りをしようとする。つまり、本音と違うことをしようとすると苦しくなります。

しばらく棚に上げておき、よいタイミングがきたら、「さっきはごめんなさい」と謝りにいけばいいでしょう。

人との比較に意味はない。昨日の自分と比較しよう

人は落ち込んでいるときに、自分のダメなところと、相手のできているところを比べます。そして、そのギャップにやられて、さらに落ち込んでしまいます。

ある人の一部分だけを見て、比べるのは意味がありません。

FacebookやTwitterにアップされた、家族での食事中の写真。幸せそうな1枚を見て、「あー、うらやましい。それに比べて、我が家の食事は、いつも家族バラバラだわ」と嘆く

ことも意味がない。FacebookやTwitterに、親子けんかのシーンや、残高が少なくなった貯金通帳をアップすることはありません。人生のほんの一瞬の「見せ場」をアップしているにすぎないのです。その家族にできていないことでも、あなたの家族ができていることはたくさんあるはずです。

1人1人の人間がオリジナルです。生物学上は「人間」という同じくくりであっても、**1人1人持ち味は違います。**果物という同じくくりでも、レモンとリンゴは違います。レモンはいくら頑張っても、真っ赤なリンゴにはなれません。

でも、リンゴは、育て方次第では、去年よりおいしくすることはできます。

人間も、他人と比べるのではなくて、「昨日できなかったことが、今日はできるようになった」のように、「昨日の自分」と「今日の自分」を比較するのがいいでしょう。他人と比較してもいいですが、**できているところとできていないところを比べて、自分が落ち込んで、気分が重くなってしまうのなら、やらないほうがいい**でしょう。

「他人とのギャップを埋めていくことが成長につながる」と考えるのは、ナンセンスです。

自分がいつも気分よくいて、いい気分の波動を保つことで、結果が出ていろんな幸せが回ってきます。いつも気分よく、感情をフラットにするには、お気に入りのものを周りに飾るという方法があります。高価なものでなくてもいい。１００円均一で売っているものでもいい。「なんかこれ好き！」「これ見ると、気分が上がる！」というものを自分の周りに置いておくといいでしょう。

他人との約束を破っても自分との約束は破ってはいけない

多くの人が他人との約束は守ろうとします。一方で、自分との約束を守ろうとする人は少ない。でも、本当は**一番大切なのは、自分との約束を守る**ことです。自分との約束が守れない人は、他人との約束も守れない。まずは自分です。自分を大切にしてほしい。もちろん、ほかの人を大切にするのもいいのですが、それと同じように自分を大切にしてほしいのです。

自分の命よりも子どもの命のほうが大切という人がいます。親は子どものためなら、どんな犠牲もたとえ命に関わることでも、子どもを優先したいと思います。私も2人の子どもを育ててきたので、よくわかります。

それほど愛おしい我が子ですが、子どもの目線で見たらどうでしょうか？　あなたのお母さんが自分を犠牲にして、あなたのことばかりを優先する。たとえば、お腹がぺこぺこのお母さんが1つのパンをあなたに全部くれたとしたら、あなたは喜んでそのパンを食べられますか？

お母さんの大きな愛情を感じるほど、申し訳なさも出てきてハッピーではないでしょう。ハッピーでない理由はパンが1つしかないことではなく、犠牲になっているお母さんの姿にあります。

子どもはお母さんお父さんを喜ばせたい、役に立ちたいと思って、あなたを親として選んで生まれてきています。その子どもがお母さんの悲しい顔を見るのはこの上なく切ないことです。お母さんが自分を大切にして笑顔でいたら、子どもは遠慮なく、安心して幸せになれます。

最高の子育てとは、お母さんが笑顔でいることだと確信しています。

飛行機に搭乗すると、「緊急の際は、まずはお母さんが酸素マスクを、その後でお子さんの酸素マスクをつけてください」とアナウンスがあります。

まず、自分を守らなければ、子どもを守れないからです。

それと同じように、お母さんがまず自分を大切にし、ハッピーな人生を過ごす。それを見て育った子どもたちは、自分を大切にし、豊かな人生を送るでしょう。

私は「やりたいことしかやらない」と自分に約束しています。

何かいやなことがあったら、自分をちゃんとケアし、ちゃんと理解するようにします。ずっと、誰かを怒ることができなかったので、腹がたったら、ちゃんと怒る約束もしました。

「今日決めたことであっても、やりたくなかったらやらなくていい」も約束の1つ。これらは、私の決まり。いわば、マイルールです。マイルールをしっかり作ってから、だいぶ生きやすくなりました。皆さんにもおすすめしています。

とはいえ、いきなりボーンと手の届かないルールを決めてしまうとくじけます。最初は簡単なものにするのがコツです。そして、ルールを作ったらできるだけその約束を破らないようにします。

自分との約束を守っていくことが、自信につながっていきます。

大きな階段でなくて、小さな階段でいい。少しずつステップを上るイメージで、自分との約束を守るようにしてください。それも大切な自分の感情のケアにつながります。

約束の数は、最初は1つでもいいです。とりあえず、やってみてください。1つ約束が守れたら、

1つずつ増やしていけばいいのです。

どんな約束をすればいいのかわからないという人には、おすすめの約束があります。

「自分の時間をとる」です。

自分の時間を作って、「今日はこんなことがあった」「今日はこんな苦しいことがあった」「あの先輩、いやだった」と自分の気持ちを振り返る、と自分に約束してみましょう。続けていくと、自分のケアが上手になっていきます。

時間に流されてしまい、しっかり自分のための時間が取れていない人が少なくありません。

自分で決めて時間を取らないと、どんどん流され、周りの人の時間に使ってしまう。自分の人生なのに、周囲の人にばかり時間を使ってしまいます。

私は毎日、昼食後は1人になる時間を取りやすいので、自分の時間を必ず10分は取るようにしています。波動を大切にしていますので、気持ちをキープできているか、その時間に確認します。新しくワクワクすることがあるときは、未来ノートにきれいに書くこともあります。

毎日、ワクワクすることが大切です。

「ワクワク」の感情は現実化する

なぜ、ワクワクすることが大切なのか。

いつかベンツに乗りたいと思っている人は、ベンツに乗っているイメージをしていると、実現化するといいますが、それだけではベンツは手に入りません。

「自分がベンツに乗るのって、ちょっと嫌味かな」

「ベンツはまだ俺には早いかな」と少しでも思っていたら、ベンツには乗れないのです。

大事なのは、「ベンツに乗っていると超気持ちいいな」と思う感覚です。その気持ちを維持できていると、ベンツは手に入ります。

何の根拠もないけど、自分で疑うことなく、「手に入る」と決めて、そこに「最高に気分のいい自分」を重ね合わせることができたら、本当に現実になるのです。

あなたの未来はお腹の中にある本音につながっています。

いくらリアルにイメージしても心の中では「無理かも」と思っていたら難しい。頭のイメージではなく心の中の本音が未来の現実になっていくのです。

ここで大事なのが根拠のない自信です。

未来は誰も知りません。絶対にベンツに乗れると思っている人も、ベンツは無理かもと思っている人も、その未来は誰にもわかりません。あなたがベンツに乗るか乗らないかはまだ誰も知りません。あなたが無理と思えば無理の未来が、大丈夫と思えば大丈夫の未来がやってくるのだとしたら、不可欠なのは、「大丈夫」と思う根拠のない自信です。

私はときどき「未来お茶会」を開催し、自分の未来を語り合う会をオンラインで開催しています。その参加者の多くが、数か月後に、「あのとき、言っていたことが現実になりました!!」と連絡をくださいます。でも、望む未来を手に入れられなかった人もいます。

望む未来を手に入れた人とそうでない人、何が違っていたのか考察してみました。

お茶会で「こうなったら嬉しい」と望むことをポンポン言葉に出したこと。気分良く最高にハッピーな時間を過ごして会を終了したこと。「ぶっ飛んだ未来設定」で、実際に手に入れるにはどうしたらいいのかわからないこと。ここまではみな同じでした。

でも、大きな違いがありました。**毎日に感謝し、楽しい時間を過ごしていた人のほうに、望んでいたものを手に入れた方が多かった**のです。反対に毎日の生活の中で不安があったり、いやなことをしている人では、望む未来を手にした人はほとんどいませんでした。

なぜそのような結果が出たのか？　手に入れた多くの人は、未来のハッピーな感情と、毎日の感情が同じ種類だったからです。一方、毎日を不安で過ごしていた人は、ハッピーの感情とはかけ離れていたのでハッピーな未来には手が届かなかったのです。

望む未来を手に入れるために、いやなブログを書いたり気が重いメルマガを書いて、気分の悪い時間を過ごすより、好きなケーキを食べたり、友だちとお茶をしたり、気持ちのいい時間を過ごしていた人の方が望んでいたことを手に入れていました。

いろんな人を見て「私もこんな未来になりたい」と夢リストやドリームマップを書き、自分の未来情報として取り入れ、そうなると決める。そうしないと、望む未来は手に入りません。どうやって手に入れるかはわからないけど、「そうなる」と確信したら、あとは、その未来と同じ感情で過ごすことがポイントです。

気持ちいい感情のときはいいアイデアが出てきます。思わぬシンクロも多くなります。そのピンときたことをすぐ行動する。それが望む未来を手に入れるコツです。

あなたが素晴らしいかどうかは、ほかの誰かではなく、あなたが決める

すべての答えは自分の足元にある

自分に合うものはどう見つけるか。答えは自分の内側にあります。

けれど、人は、何かを手に入れたいとき、外へ外へと向かおうとします。「どこかに学びに行かないと」とか「○○さんと一緒にいて、幸せにならないと」と考えてしまうのです。

私もそうでした、自分でビジネスを始めたいと思ったとき、次々とセミナーや勉強会に通いました。行けば、誰かがいい方法を教えてくれる、私のビジネスを構築してくれると思ったからです。

でも、学べば学ぶほど、「あなたは何がしたいのですか？」「強みは何ですか？」と聞かれる。教

えてもらうはずの答えは、自分で出すよう求められるのです。結局のところ、「自分がわからないと、ビジネスはうまくいかない」と学びました。

自分のやりたいこと、自分しかできないことは、自分にしかわかりません。**そして、何かをやりたいという思いをあふれさせるエネルギーも自分の中にある**のです。

自分が素晴らしいかどうかは、ほかの誰かが決めるのではなくて、自分が決めることです。外に答えはないのです。多くの人は、幸せの青い鳥を外に探しに行きます。

「結果が出ていない」「私には、特技がない」「お金がない」

そんなふうに渇望の状態でいて、どんどん「もっとほしい」「もっともっとやらなくちゃ」と思う。

つい、「ない」「ない」に目を向けすぎてしまう。

そうではなくて、「ある」に目を向けてみてください。

「私、こんなに持っているんだ」と。

この話をすると「私は何も持っていないんです！」と真剣に訴えてくる方がいらっしゃいます。

特別な何かでなくていいのです。当たり前のことに目を向けてください。

こんなに健康な体があるんだ。

こんなにステキな人たちと縁があるんだ。

こんなにおいしいものが食べられるんだ。

いま自分が持っている、「ある」に目を向けるだけで、自分のエネルギーはあふれて満たされます。自分の気分をよくするためにも、「ある」に目を向けるといいでしょう。一気に気持ちがよくなります。

「好きか嫌いか」で判断すると気持ちよい人付き合いができる

いつも気持ちよくいる上で欠かせないのは、気持ちよい人付き合いです。

私は気持ちよく仲良くさせていただいている方が多くいます。ひんぱんに会っていなくても、つながっている方が多いのです。ご近所さんもいますし、有名な方もいます。

あるとき、受講生の１人から「なぜ、いろんな人と仲良くできるのですか」と質問されました。

自分では意識していなかったのであらためて考えてみました。そして、「人付き合いを自分にメリットがあるかどうかで判断していないからだ」と思い至りました。

逆に、自分が相手を好きか嫌いかは、大事にしている指標です。

たとえば、成功されている企業の社長さまにお会いしても、「この人ダメ。私には合わない。この人と付き合うと、いつもの自分でいられず、背伸びしなければならない」と思ったら、お付き合いはしません。その場で、ごあいさつやお話はさせていただきますが、その後、コンタクトは取りません。たとえ、「この人と付き合っていたら絶対にメリットがあるよ」と言われても無理です。

なぜなら、**自分が合わないと思う人と会うのは、時間がもったいない**からです。

ひょっとすると、3年、5年と経てば、気持ちよく付き合えるかもしれませんが、「いまは違う時期」と感じるのです。一方、会ってすぐに本音で話せる社長さまもいます。「好きだな」と思うと、瞬間で仲良くなり、そのままお付き合いが始まることもあります。

人と気持ちよくお付き合いをするために出会い方にも気をつけています。

たとえば、セミナーを受講するときは、事前に講師の方と、Ｆａｃｅｂｏｏｋなどを通して友だちになってから行きます。あるいは、友だちのつてをたどってセミナー講師とつながるケースもあります。友だちになってから、セミナーに行くと、講師と受講生という形ではなく、友だち同士で始まりますので、関係性が全然違ってくる。人間関係の構築も早くなります。

権威者ブロックをはずすには「みんな同じ人間」と思ってみる

経営コンサルタントで作家の神田昌典さんがプロデュースしたミュージカルに行ったときのことです。ショーの合間に休憩時間がありました、

観客席がざわざわし、観客の1人が「神田さんだ!」と言っていました。目をやると神田さんがいらっしゃいました。私は近づいていき「今日のミュージカル、すごく良かったです」と、名刺交換させてもらいました。神田さんは、「本当? 良かった、ありがとう」と気持ちよく、言葉を交わしてくださいました。

ほかの観客の方に、「関係者の方ですか?」と聞かれたので、「いいえ、初対面です。ロープが張られているわけでもないから、ごあいさつさせていただきました」と答えました。その観客は、「えっ、

恐れ多くて私は行けない」とおっしゃいました。

恐れ多いと思って自らかけてしまう制限を「権威者ブロック」といいます。

私はこの「権威者ブロック」がないようです。みんな同じ人間だと思うのです。

人には上下があるわけではないし、ロープは張っていない。だから、好きだと思ったら、しゃべりにいく。仲良くしたいと思ったら、仲良くしにいく。すると、人間的にいいつながりができていきます。メリットのある人に時間を作るよりは、**本当に話してて気持ちいい、大好きだと思う人とお付き合いをしたほうが、いつでも気分よくいられます。**

相手はどう思っているかわかりませんが、私は、直接話をしたら、もう「お友達」と思っているので、セミナーに行くと「あのとき、会わせていただいた押野です」と言います。すると相手は、「あぁ」となる。

権威者ブロックは悪いものではありません。ただ、偉い人とは付き合えない、自分とは身分が違う、と思ってしまうのは、もったいないと思います。どんな人も同じ人間だと思えば、縁はどんどん広がっていくものなのですから。

心の安定を生むのは違いを理解する習慣

人とのトラブルが絶えない。自分はトラブルメーカーかもしれない。

そんな相談を受けることがあります。心当たりがある人も、心配しなくても大丈夫。ちょっと習慣を変えるだけで、トラブルは避けられます。

人とトラブルになりがちなのは、相手と自分の違いが理解できない人です。

「一般的には、こう！」「私の言っていることのほうが正しい！」「あなたの言うことは間違っている！」と、自分の常識を作り、守りすぎてしまう。そのため周囲が見えないのです。

だから、自分の常識と違うことをする人を許せず、「間違っている！」と思い、そのまま言葉に出してしまうため、トラブルに発展します。そうではなくて、**相手と自分の違いを理解し、認めるようにします。**

「相手に合わせなさい」「好きになる努力をしなさい」という意味ではありません。「好きになる」と「違いを認める」は別です。「この人は、いまはあまり合わないからお付き合いはしないけれど時間が経ったら仲良くなれるかも」と思うようにしてください。

「嫌い」と切り捨てるのではなく、「この人はこういう人なんだ」と認める。もう少し言えば、相手を否定するのではなくて、相手と自分の立ち位置をちゃんと理解し、尊重するのです。

トラブルになったり、自分の中で気分が悪くなったときは、「自分とあの人は違う」と認める。その境目をちゃんとはっきりさせる。自分と相手が同じ価値観だと決めていると「おかしいじゃん」となります。そうではなく、「あの人はこういう人なんだ」と思えたら楽になります。違いを認めることが、本当の意味の許しを与えたり、相手を理解することにつながります。


あるとき、ＦａｃｅｂｏｏｋのＭｅｓｓｅｎｇｅｒのグループで、理不尽なことをたくさん書かれたことがありました。私を攻撃してくる人がいたのです。

かつての私だったら、「誤解を解かなきゃ」「なんとかしなきゃ」と思い、右往左往していたことでしょう。でも、いまは違いを認めているので、「この人は私とは違う。何が言いたいんだろう」と客観視できました。

違う見方をすると、彼女は、「頑張って、ものごとを成しとげよう」とするタイプでした。私はどちらかというと、「頑張らないでいこうよ」というタイプ。

タイプが違うから、彼女は私のやり方が気に入らなかった。しかも、「正しい、正しくない」を決めたいタイプだったので、「満里子さんは正しくない」と攻撃されてしまったのです。

私は、「なるほど、この人は私を否定し、自分の正しさをアピールしたかったんだ」とわかりました。そう理解できたとき「彼女の正しさが心地よいと感じている人は、いまは、私はお付き合いしなくてもいいんだ。だからいまこれだけのことを書かれている。ときが経ち、ご縁がある人だったらまたつながれる」と思い、何も言わず、そこからフェードアウトしました。

彼女からの攻撃は終結しました。

以降、お互いに気持ちの通じない時間を使わずに済み、私は新たな出会いを楽しんでいます。

違いを認識した上で客観的に相手を見る。それによって対応策も見えてくるものです。

マイナス感情の裏には愛しかないと知る

あなたを傷つけたくないからマイナス感情が生まれている

感情の源は「愛」です。

多くの人が、「私のドロドロした感情は『愛』じゃない」と言います。

「人のことをこんなに悪く思っている私には、絶対に愛はありません」と断言する方もいます。

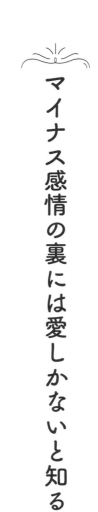

でも、私は愛のない人に会ったことはありません。これまで延べ1000人以上の感情セラピーをやらせてもらっていますが、その中に**愛のなかった人は1人もいなかった**のです。

どんな人にも愛があり、その愛が自分を守ろうとするから、マイナス感情が出てくるのです。

自分を傷つけたくないから、怒りの感情が出てくる。自分を孤独にしたくないから、寂しいという感情が出てくる。大切なものを守ろうとしている、その中心にあるのは、「愛」以外の何ものでもありません。その愛が強ければ強いほど、強烈な感情が出てくる。

マイナス感情をたくさん持っている人は、それだけ愛も持っているのです。

マイナス感情の奥には愛しかないのです。

Ｆさんという男性がいました。

Ｆさんは、「不倫をしている友人にすごくムカついている」とイライラしていました。「成功した途端、女癖が悪くなって、不倫に走った彼を許せない」と。私はＦさんに質問をしていきました。以下Ｆさんとのやり取りです。

「なんでそう思ったの？」

「不倫はいけないと思うから」

「なんで不倫はいけないと思うの？」

「僕が不倫をした場合、僕が不幸になると思うから」

「どうして、不幸になると思うの？」

「家族が崩壊するから。僕の幸せの源泉は家族なんです」

「なるほど。家族のことをとっても大切に思っているんですね。もう1つ聞きます。あなたが『不倫をすると本人が不幸になると思っている』ということは、『不倫をしている友人にムカついている』というのも、実は彼が不幸になったらいやだと思っているからでは？」

「不幸になってほしくないです」

「つまり、『彼に幸せになってほしい』という思いが根底にあるのかな」

「そうかもしれません。知らない人が不倫をしていても、こんなにムカつきませんから」


結局、Fさんは、その人が不幸になったらいやだと思うから、不倫をしている彼にムカついていた。根底には、彼を大切にしたいという「愛」があったのです。

人に対するマイナス感情も、愛があるからこそ生まれるのです。

頭の中の問題をすべて「見える化」すると感情が落ち着く

現実を理解することで不安は解決していく

多くの不安は「わからない」ために起こります。

現状を明らかにしていくと、消える場合がほとんどです。

たとえば、ある女性は、自分の父が末期がんで、いつ死ぬかわからない。自分の最愛の父親がこの先どうなってしまうのか、いつも不安で仕方がないと相談にみえました。

その人に対しては、次のようにアドバイスをしました。

「不安の正体が何かわからないとモヤモヤした不安になる。まずは現実を明らかにしましょう」

お父さんが末期がんであるなら、主治医とよく相談して、これからどんな状態になっていくのかをはっきりと聞く。いつまで生きられるのか。意識ははっきりしたままでいられるのか。治療方法や余生の過ごし方の選択肢を聞く。

親がいつまで生きられるのかを聞くのは、怖いことかもしれませんが、聞いてみると、意外と不安が1つ1つ消えていきます。

本人は自分ががんであることを知っているということだったので、それならば本人と一緒にどうしていくかを考える。もしも、残された人生に限りがあるとすれば、最期をどこで、どう迎えたいか聞く。お父さんが家で死にたいと言っているなら、その態勢は取れるのか。病院や施設だとしたら、どうすればいいか、関わりのある人に相談する。

亡くなったあとのことも、ちゃんと聞いておく。あるいは経験者に聞いておく。

情報がそろって、選択肢がわかれば、やることが見えてきます。それは安心する材料になります。なにが不安なのかが明確になると打てる手が見えてくる。**いつも「なんとなく不安」だった気持ちが整理され、軽くなっていきます。**

誰もかれもが、一生幸せでいられることは不可能です。不安に思う時期があって当然です。不安でいることが悪いわけではありません。

私の父も、実は末期がんで、「あと数か月の命」と宣告されました、最初は、どうしていいか、わかりませんでした。

父のいないところで、主治医の先生に、「父はこれからどうなっていくのでしょうか」と聞くと、ていねいに教えてくれました。現実をしっかり見つめたことで、１つ１つ不安がクリアになり、モヤモヤした不安はなくなりました。

「何かよくわからないけれど、頭の中がモヤモヤしてきた」という場合、頭の中のものをいったん、ノートに書き出すなどして見えるようにします。するとと、やらなければならないことが、はっきりと見えてきて、モヤモヤした感情は、８割がた消えます。明らかになった「やること」を１つ１つやっていくと、モヤモヤはほぼ完全に消えていきます。

あなたにはあなたらしい成功のプロセスが必ずある

誰にでもあてはまる「汎用性ある成功セオリー」は存在しない

ある成功者がやってきたことを聞き、その成功のセオリーを、その通りにやろうとする人は少なくありません。

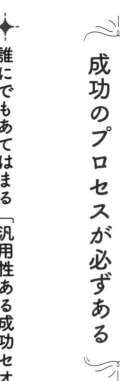

たとえば、起業してメルマガやブログを書く。お客さんが集まったら次のステップに行く。もちろん、真似をすると、うまくいくケースもあるでしょう。

ただ、人によっては苦しくなる人もいます。そして、「自分はダメだ」とダメ出しをします。「なんか違うな。やりたくないな」と違和感を覚えながらも、「あの人は、このやり方で結果を出しているのだから、同じ道を通ろう」と進んでしまいます。

「やりたくない」と思ったことをやるよりも、「やりたいこと」をやったほうが、よほど結果が出て近道になります。

たとえば、自分で書いた本を売りたい人は、ベストセラー作家に話を聞きに行きます。「毎日ブログを更新したほうがいい」「メルマガをしっかり書いたほうがいい」「イベントをたくさんしたほうがいい」といろんな話を経験値としてしてくれます。

けれど、それはこの人だからできた話です。誰にでもあてはまる汎用性のある成功セオリーは存在しません。**あなたは全然違うプロセスで、行ける可能性があります。**

楽しいことをやり続けているだけで結果は出る

「自分でやりたい」と思ったことは、結果が出ます。プロセスはみんな違います。自分にピッタリと合ったプロセスが必ずあるはず。だから、誰かのプロセスでうまくいかなくてもいい。

本質的に、自分が何をしたいのかを見極めて、そこに向かって自分を信頼して歩いていく、自分の変化をちゃんと認めながら培っていくことです。

私は、毎日ブログを更新したり、メールを送ったりするのが得意ではありません。最初の頃は、「やらなくては」と思っていたのですが、違和感を覚えて、あまり書かないようになりました。でも、違う方法で驚くほどビジネスがうまく回るようになりました。


ある日のことです。

友人から、「海外で、マインド系のセミナーが強く求められているから、満里子さんもやってみては?」と勧められました。「私は英語が話せないから、無理、無理」と伝えたところ、「海外に住む日本人で、わざわざ日本までセミナーを受けに来る方がたくさんいる。海外に行ってその方々にセミナーをするとすごく喜ばれる」と言われました。

その瞬間、「海外でセミナーができない」というブロックがはずれました。

「いつか具体的な話があったらやってみよう!」と思いました。

半年後のこと、オンラインで感情コンサルをやったオーストラリア在住の日本の方から、「ぜひ、オーストラリアのブリスベンで感情セラピーのセミナーをやってほしい。セッティングをしますから」と依頼がきて、行くことになりました。

3日間セミナーをやり、2日間が観光の予定でした。ところが、現地へ行ってみると、私のセミナーに参加された方が友人を集めてくださり、またその友人が友人を集め、5日間の滞在中7回セミナーをしました。これが好評で、半年後には、ブリスベンに続き、ゴールドコーストやケアンズで開催してほしいという声があがりました。今度こそ観光をしようと2週間の予定で行きました。

すると、今度は「個人セッションもやってほしい」という要望がたくさんあり、セミナー以外の日は個人セッションで埋まってしまいました。それでも対応しきれずに、結果的に日本に戻ってからWEB会議用アプリを使って、オンラインでセッションを受けていただきました。

さらに、3回目にオーストラリアに行ったときは、ブリスベン、ゴールドコースト、ケアンズ、バイロンベイ、メルボルンと広がりました。リアルなセミナーや個人セッションに加えてオンラインセミナーも同時開催しました。そこに集まってくださった方々は1回目に感情セラピーを受けすごく変化をした方々もいらっしゃりました。

「自分が変わった感情セラピーを使って私もビジネスをしたい」という方々からのリクエストで感情セラピー養成講座もオンラインで展開し、多くの感情セラピストが誕生し活躍しています。


私がこれをある起業家の方に話すと、「すごいビジネスモデルを作っているね」と言われました。日本だけでなく、海外に向けてオンラインでセミナーをやって、個人セッションをして、感情セラピーの養成までやっているのがすごい、というわけです。

言われてみて、「そうか、ビジネスモデルになっているのかな」と思いました。

実際は、計画的にビジネスモデルを作って展開したわけではありません。自分が感情セラピーをどなたかに提供したいと思っていた。すると、周りに望む方がいて、**やると喜んでくださった。喜ばれると嬉しいから、さらに、望まれたことをやっていた。その繰り返しが、たまたまビジネスモデルになった**だけです。狙ったわけでもなく、頑張っている意識もまったくありません。ただ楽しくて仕方がない。

「システムやビジネスモデルなんて、全然考えないでやっているんですよ」と伝えると、前出の起業家の方は、すごくびっくりされました。

ビジネスは、心から提供したいと思っているものを持っている人と、それを提供してほしい人が、ピッタリ合うと、頑張らなくてもうまく回っていくのだと実感しました。

オーストラリアの方々はよくしてくださり、「次回はいついらっしゃるのですか？」と熱いコールをいただいています。前回感情セラピーを受けた方が大きく変化をしている姿を見ることが私の人生の喜びの１つにもなっています。

７、８年前は、いまと違う方法でセミナーをやっていました。
当時は地元の長野だけでセミナーを開催しており、ケーキ作りや料理も大好きなので、セミナーにいらっしゃる方には、ケーキやランチも提供していて、それを売りの１つにしていました。

しかも、生来、凝り性ですので、どんどんグレードアップしていきました。

すると、だんだん「犠牲」になっている気がしてきました。

「なんで、こんなふうにケーキやランチまで作らないといけないんだろう。みんなは喜んでいるけど、私は疲れている。もしかしたら、みんなのために、自分を犠牲にしている？」

最初は喜びでやっていたのですが、いつの間にか「前回を超えるおもてなし」が自分の中で重荷になっていったのです。

自分の気持ちに気づいたので、ケーキ作りもランチもすぱっとやめました。私にとって不安と恐怖がある決断でした。

手作りケーキがあるからセミナーに来てくださっているのかも……。ランチという付加価値があるから満足していたのかも……。そんなふうに思っていたからです。

でもランチもケーキも提供しないセミナーを開催し、私の胸の内も素直に話したところ、「いままでの中で一番良いセミナーだった」とリピーターの方から言われ、感動したのを覚えています。

頑張るからうまくいくのではありません。

自分が「やりたいこと」を提供し、相手の「求めていたもの」と結びついた。だから、何も頑張らずにうまく回るようになったのです。

自分の感情を知り、感情が求める行動をすることで、結果は必ずついてきます。

第４章

目の前の心の問題を サクサク解決する 「思考型」感情ケア

感情セラピーは「思考型ケア」と「感情型ケア」の2種類

考えるのが得意なら「思考型ケア」、苦手なら「感情型ケア」がおすすめ

さて、ここからはいよいよ感情セラピーによる、より実践的なケアの方法を紹介します。感情セラピーの感情ケアには次の2種類があります。

●頭で考え解決していく「思考型ケア」

●感情に話しかけて解決していく「感情型ケア（究極の感情セラピー）」

思考型ケアは、「どうして自分は怒りを感じたのだろう」「なぜ悲しかったのだろう」と頭で考えて、感情が起きた原因を明らかにし、問題を解決していきます。ケアしたあとはスッキリした気分になります。考えるのが好きな人、理論的な思考法がしっくりくる人に向いています。

感情型ケアは、自分の感情をイメージして対話し、愛に溶かしていきます。ケアしたあとは、心が温かくなります。考えるのが苦手な人に向いています。思考型ケアをやったあとに感情型ケアをするとリバウンドがなくなります。別名「究極の感情セラピー」です。

本章では、まず、思考型ケアについてお伝えしていきます。

思考型ケアは次の5ステップで行います。

ステップ1　感情を体の外に出す（感情の見える化）

ステップ2　「誰の問題か」を考える

ステップ3　「何が問題か」を考える

ステップ4　「どっちでもいい」と言ってみる

ステップ5　心の奥にある本音を特定する

思考型ケアの5つのステップのやりかた

実際にどのようにセラピーをするのか、ケースをあげながら、どう感情を扱えばいいのか、順を追ってみていきましょう。

【ケース】

会社の帰りに上司に「飲みに行こう」と誘われた。あまり気の合う上司ではなかったので、これまでも何回か誘われたが、そのたびに断ってきた。

しかし、今日は断る理由がパッと思い浮かばなかった。断り続けるのも悪いと思っていたこともあり、仕方なく付き合うことにした。

飲み始めると、上司が1人でしゃべり続け、お説教までしてきた。おまけに、会計は、まさかのワリカンだった。

無駄な時間、無駄なお金を使って、さんざんな夜だった。

ステップ1 感情を体の外に出す

思考型ケアの場合、まず、感情を外に出します。具体的には、声に出すか、ノートに書き出します。

たとえば、

「なんで、断りきれなかったんだろう」

「人の気持ちになって考えろよ、上司なんだから」

「時間がもったいなかった」

「お金の無駄遣いをした」

「もっと、ましな話をしろよ」

など、不満や文句など心の声をすべて出し切ります。

注意点としては、まず、「感情を出す」のが大事ですから、ちょっと大げさくらいに、全部吐き出すつもりで言うようにします。あるいは、書き出すようにします。

汚い言葉を使ってはいけないとか、相手を悪く言ってはいけないとか、いろんな考え方がありますが、自分がモヤモヤしているとき、マイナス感情でいるときは、まず、そのいやなことを外に出すことが先決です。

何も言わないで飲み込んでいるのは、お腹の中にマイナス感情をためているのと同じです。まずは出すことから始めましょう。

マイナス感情を口にすることに抵抗がある人は「いまだけ」とか「30分だけ」など、条件付きで自分に許可することで、口に出しやすくなります。

感情を外に出したら、ケースバイケースで、「誰の問題か考える」あるいは、「何が問題か考える」方法など、自分でできそうだと思う方法を選びます。

ステップ2 「誰の問題か」を考える

自分の中で何かモヤモヤしているなと思ったら、

感情が起きた原因となっている問題は、「誰の問題なのか」を考えます。

今回のケースの場合

「なんで、断りきれなかったんだろう」↓私の問題
「人の気持ちになって考えろよ、上司なんだから」↓上司の問題
「時間がもったいなかった」↓私の問題
「お金の無駄遣いをした」↓私の問題
「もっと、ましな話をしろよ」↓上司の問題

たとえば、159ページの末期がんのお父さんのことが心配で仕方がなかった女性の例では次のようになります。

末期がんのお父さんが「どうなっていくか」↓お父さんの問題
その姿を見て「漠然と不安に思う」私↓女性の問題

誰の問題かを明確にしていくことで、自分が目を向ける方向がわかってきます。多くの人が、当事者本人に解決を任せればいい問題にまで心を悩ませています。

「ましな話ができない」のは上司の問題です。

末期がんのお父さんが「どうなっていくか」については、究極的には、お父さんの病気ですからお父さんに任せていいのです。

自分以外の人の問題まで自分で解決しようとすると、心がどんどん重くなります。そもそも、自分以外の人の問題は、自分では解決できない場合がほとんどです。そこを無理しようとすると、さらに心が痛んだりするのです。

自分が見るべきは、自分の感情です。こうして、自分が見ていく感情、すなわちケアする感情を明確にします。問題だと思う感情に目を向けたときに、やはり「イライラが続く」「モヤモヤする」と思ったら、自分の感情をケアします。

はっきり分けることで、まず、自分の悩みが半減します。いままで2つの問題を抱えていたのが半分になるわけですから、心はぐっと軽くなるでしょう。

「私が気をもむことじゃなかった」「相手の問題は相手に任せよう」と問題が解決するケースも決

して少なくはありません。

ステップ3 「何が問題か」を考える

何が問題なのかを特定し、大きかった問題をコンパクトにしていきます。

飲み会のケースでは、「部下が上司に飲み会に誘われていやな思いをした」という事実があります。それを誘われたときから、飲み会が終わっていやだなと感じたところまでのプロセスについて、何がいやだったのかを、細分化していきます。

細分化する対象は、「行動」「状況」「言葉」などです。

思い出せるだけ、リストアップし、そこに、「どう感じたか」を「いやだった」「どうも思わない」「いやではない」の3段階で評価します。

飲み会に誘われた例では、以下のようになります。

誘われた。↓いやだった。
断るとなんとなく気まずいと思い、誘いを受けた。↓いやだった。
店まで一緒に歩いた。↓いやだった。
店を一方的に上司に決められた。↓どうも思わない。
一緒に入った居酒屋。↓いやではない。
説教をされた。↓いやだった。
居酒屋の料理。↓いやではない。
会計がワリカンだった。↓どうも思わない。

いやだなと感じたときがあったとしても、多くの場合、全部がいやだったわけではないのです。最初は、「上司に誘われたある日の飲み会」すべてがいやだと思っていたかもしれません。このように細分化することで、問題を特定できます。

問題を特定しないと、「なんだか、全部いやだった」と漠然としてしまい、問題の解決方法は見つかりません。

プロセスを細かく分けて、何がいやだったのか、1つずつ評価していくことで、いままで100に見えていた問題が、50、30、と、だんだん小さくなっていきます。問題が小さくなれば、解決策も見つけやすくなります。

問題が1つに絞られていく場合もあります。

感情が動くとき、「○○のせいでいやな気持ちがしている」と原因は相手にあると思われがちですが、実はそのいやな感情が出てきているのはあなたの中の解釈（思い込み）に反応して感情が登場しています。あなたの解釈がマイナス感情にくっついていなかったらいやな気持ちになりません。

自分の感情の正体を見つけるためにまずは「自分の問題は何か」を見つけましょう。相手の問題を取り上げて自分の問題にしている場合も実はすごく多いのです。

ステップ4 「どっちでもいい」と言ってみる

自分が「これは絶対に正しい」と固執するために感情が波立っている場合があります。固執しているものを手放すと問題が解決するケースがあります。

「自分が何を正しいと思っているか」を特定できる魔法の言葉が「どっちでもいい」です。自分のジャッジ（判断）を確認し、何を握りしめているのかみていきます。

選択する方法です。飲み会の例を考えてみましょう。

❶誘われてもいい、どっちでもいい。↓いや、誘ってほしくない!!↓誘われることはいやなことだと思っている。

❷店まで一緒に歩いてもいいし、どっちでもいい。↓いや、歩きたくない！

❸店を一方的に上司が決めても決めなくてもどっちでもいい。↓そう、どっちでもいい↓上司が決めてもいい。

❹一緒に入った居酒屋は好きでも嫌いでもどっちでもない。↓いや、あの居酒屋は好みの店だった。

❺説教をされてもされなくてもどっちでもいい。↓いや、説教はいやでしょ!!↓無理!!　説

教どっちでもいいって人いるのかな??

❻居酒屋の料理はまずくても美味しくてもどっちでもいい。↓美味しいほうがいいけど、そこまでこだわらない。

❼会計がワリカンでも、どっちでもいい。↓でも、上司が払ったらなお良かった。

こんな感じです。

「どっちでもいい」と言えないのは、自分なりの「正しい」解釈があり、その解釈を自分が採用しているから。「どっちでもいい」と言えないケースが多い人ほど、感情の揺れは多くなります。

どちらかが「正しい」と言い始めると、必ず、「正しくない」が生まれてきます。「戦争は正しくない」「戦争は絶対に反対」と言うと、「争いは反対」と言いながら、戦争に賛成する人と争っていることになります。「戦争はしてもしなくてもいいけれど、私はしない」という人が増えれば、世の中から戦争はなくなる、それが私の考えです。

自分が「正しさ」を握りしめているのか、手放しているのか、一発でわかるのが「どっちでもいい」という言葉です。

たとえば、お金に執着している人は、「お金がないと絶対にダメ」と思っている。

すると、マイナスのほうに自分の感情が引っ張られます。

マイナスに引っ張られると、その不安の感情とともに「お金がない」ことばかりに意識が向き、お金がないことを繰り返し確認することで、「お金がない」が揺るぎない確信に変わっていく。すると、ますますお金がなくなっていく。

でも、「どっちでもいい。けれどあったほうがいいかな」と執着を溶して、心を軽くすると、「お金がない」という不安がなくなり、その不安とともに行動する「お金がない」という確認が少なくなる。たまたま見た通帳の残高が増えていたりすると、「お金があるかも」に変わり、収入のある方に意識が向きお金の入りが良くなっていく。

目に見えない心で思っている「本音」が、目に見える世界で「現実化」するのです。

「どっちでもいい。でもいまはこっちを選ぶ」という軽さがうまくいくための秘訣です。

ステップ5 心の奥にある本音を特定する

「どっちでもいい」という思いになれない場合は、「どうしてダメなのか」その理由を1つずつ言葉にしてみましょう。

飲み会の例の場合は次のようになります。

❶誘われてもいい、どっちでもいい。↓いや、誘ってほしくない!!↓誘われることはいやなことだと思っている。

どうして誘われるとダメなのか、その答えは次のような自分との対話によって出していきます。

「断るとなんとなく気まずいから」

「気まずくなるとどうしてダメなの?」

「上司だし…会社でギクシャクするのはめんどくさいもの」

「上司じゃなかったらいいの？」

「上司じゃなく同僚だったら問題ないわ、なんでも言えるし」

「ということは、上司だから何も言えず気を使っている」

「そうそう！　上司だから何も言えなくなる」

❷店まで一緒に歩いてもいいし、どっちでもいい。↓いや、歩きたくない！

「どうして歩きたくないの？」

「一方的な話で私から意見が言えないから」

「それもさっきの問題と同じ、上司だから何も言えない？」

「そう、だから一緒に歩きたくない」

❸店を一方的に上司が決めても決めなくてもどっちでもいい↓そう、どっちでもいい↓上司が決めてもいい。

❹一緒に入った居酒屋は好きでも嫌いでもどっちでもない。↓いや、あの居酒屋は好みの店だった。

「どっちでもいい」は手放している状態で感情が動きません。この感覚がフラットの状態です。

❺説教をされてもされなくてもどっちでもいい。↓いや、説教はいやでしょ!! ↓無理！

「説教はどうしていやなの?」

「だって一方的に言われ、何も言えなくなる」

「どうして何も言えないの?」

「だって目上の人だし、上司だから…」

❻居酒屋の料理はまずくても美味しくてもどっちでもいい。↓美味しいほうがいいけど、そこまでこだわらない。

❼会計がワリカンでも、どっちでもいい。↓上司が払うとなおいい。

このように出来事の下にある自分の気持ちに気づけると、いつもは考えもしなかった自分の常識、本音がわかってきます。

どれが一番いやだと思っているかを特定します。さらに、その「いやだ」を見つめます。自分は何にイライラしているのか、怒っているのかが特定ができると、人の感情はスッキリとします。

もし、２ついやなことがあったとしたら、それでも構いません。

「一番いやだった」の特定が大切です。

一番いやだと思っているのが「説教される」だったとします。どうしてそんなにいやなのか、を自分の中で聞いてみましょう。

「なんで、『説教』が私はいやなんだ？」

すると、たとえば、次のようなことがみえてきます。

「そうか、私、上司と波風立てずに会社で気持ちよく仕事がしたいんだな」

「本当は嫌われたくなかったんだな」

「上司にはかわいがってもらいたかったんだな」

これが自分の本音です。

この「本音」を大事にして生きていくことが大切なのです。再発防止には、問題を根っこから解決しておくこと。自分の感情を感じ、「成長に必要なことがいま起きている」と自分事にすることによって劇的な変化は起こります。

「どうしてそれいやなの?」

だんだん自分の気持ちの中に入れていきます。

深掘りをすることによって、自分の本質的にいやだったことや逆に大事だったことがわかってきます。慣れないうちは大事だったことは見にくい。

本質的な自分のいやなことが見つかるだけで、だいぶ問題解決の方法がわかってくるので、それはどうしていやだったのとか、なぜそう思うの? というところをどんどん深く掘っていきましょう。問題がわかると、人は頭の中に解決していくためのアンテナが立って、解決に向かいます。わからないことが一番苦しいのです。

もし、ここまでで問題解決ができない場合、感情ケアがうまくできない場合は、究極の感情セラピー3ステップに進みましょう。

第５章

マイナス感情を愛に変え、結果につなげる「究極の感情セラピー」３ステップ

結果につなげる「究極の感情セラピー　３ステップ」

揺れた感情は愛に溶かすと結果につながる

感情が揺れ、いつまでも心にモヤモヤと残っていると、なかなか行動ができません。

たとえば、仲間はずれにされて「いやだなー」というマイナス感情がいつも心にあると、仕事をするときも勉強するときも集中できません。

マイナス感情が行動の邪魔をするのです。そんなときは、「究極の感情セラピー３ステップ」で、マイナス感情を愛に溶かしましょう。すぐに行動に移れて、結果が出やすくなります。

「究極の感情セラピー３ステップ」は、手軽に短時間で感情を癒せるのがいいところ。

自分の中の感情を「感じるセラピー」なので、考えるのが苦手という人にも向いています。また、マイナス感情を愛で溶かしてしまうので、同じ問題が起きたときに悩みづらくなります。つまり、リバウンドしにくくなるのです。

「究極の感情セラピー」は次の３ステップで行います。

ステップ1 具体的な状況から感情＝体の反応を特定する
ステップ2 感情を形にして話をする
ステップ3 体に戻して愛を感じる

「究極の感情セラピー」３つのステップのやりかた

実際にどのようにセラピーをするのか、ケースをあげながら、やり方を説明していきます。

【ケース】

1人暮らしでサラリーマンをしているAさん。今月は急な出費が重なり心配になりATMで残高確認したところ、給料日までまだ1週間もあるのに残高はたったの3000円。

心臓がバクバク、頭の中が真っ白に……。

感情セラピーは感情が具体的に動いたときにやるのが効果的です。とはいっても、ATMの前ではちょっと無理ですので、静かに自分に集中できる場所に移動します。すぐにその時間が取れない場合は、家に帰って落ち着いたとき、あるいは、数日経ってからでも大丈夫です。

ステップ1 具体的な状況から、感情が体のどこに反応が出ているかを特定する

感情は、必ず体のどこかに反応として出てきます。プラス感情の場合を考えてみましょう。映画などで感動的な場面をみると、胸がジーンと熱くなることがあります。プラス感情が胸に現れているのです。マイナス感情の場合も同じです。いやなことがあると、胃のあたりにずっしりとした重さを感じるときがあります。最初のステップでは、感情が波立った具体的な状況を思い浮かべて、その感情が体のどこに反応として現れたかを特定します。誰にも邪魔されない静かな安全な場所で行いましょう。

❶その状況を漠然と思い浮かべる。

いやな出来事なので、思い出したくないかもしれません。しかし、当時の状況を再現し、感情を動かさないと感情セラピーは進められません。記憶を掘り起こしてみましょう。

❷そのときの状況をリアルにイメージする。
ＡＴＭに行って記帳し、残高が３０００円だったときのこと、その状況を頭の中で再現します。ＡＴＭの機械がここにあって、私はここに立って、記帳されてきた通帳を取り出して残高を見た。と、リアルにイメージしましょう。

❸感情を呼び起こし、感情が体のどこで反応しているのかを調べる。
目をつぶって頭の先から足の先まで体全体をゆっくりスキャンして、体の反応を特定し、言葉にしましょう。

たとえば、

「胸がドキドキしている」「頭を締め付けられる感じ」「足がすくむ感じ」

などのように自分の体に起きている反応にピッタリくる表現を言葉にします。

ステップ2 感情を形にして話をする

感情のいる場所がわかったら、次のステップに進みます。静かに目を閉じましょう。体の反応している場所に意識を向け、そこにある形を見てみましょう。「赤い丸」に見えたり、「青い四角っぽいもの」に見えたり、人によって見える形は違います。ここでは、仮に「形の子」と呼びます。

もし、形がわからない場合は、反応しているところを感じて次へ進みましょう。

次は、「形の子」「反応しているところ」と対話をします。

起こったこと（このケースの場合、残高がたった３０００円だったこと）を具体的に聞かなくてＯＫです。例を参考に対話します。

●対話する言葉（例）

「こんにちは」

「いままで気がつかなくてごめんね」

「いままで無視していてごめんね」など。


対話する言葉を参考に、形の子に話しかけてみてください。形の子に何か変化はありますか？

話しやすいように形の子を手のひらに載せてみましょう。
その感触や形など近くでよく見てみましょう。次にその子の欲求を聞きましょう。

●欲求を聞く言葉（例）

「何かしてほしいことある？」

「リクエストは？」

形の子が何も言わなくても、言葉としてわからなくても大丈夫です。その子の様子や変化を感じてください。どんな感じですか？　寂しそうなのか、悲しそうなのか、怒っているのか、安心したのか、その子の様子に意識を向けましょう。正解や不正解はありません。もし、あるとすれば、あなたが感じているその子の様子が正解です。
そして、伝えたいことや聞きたいことなど、自由に会話してみましょう。

●会話をする言葉（例）

「そこにいていいよ」

「一緒にいるよ」

「もう大丈夫だよ」

「どうしてそこにいたの？」

「いつからそこにいたの？」

「どうしてずっとそこにいたの？」

「そこにいて守っていたものは何？」


会話ができる状態だったら、その子がいた理由を聞いてみましょう。思わぬ答えが返ってくることもあります。

ステップ３　体に戻して愛を感じる

ひとしきり会話が済んだら、形の子を体に入れて温かさを感じましょう。

体に反応があったのは、その子があなた自身と分離していたからです。体の反応は、いままであなたを守っていたから起きていました。そこにはあなたを守る大切な子が存在していました。

いまそこにいる子を自分の体に戻しながら感謝の言葉を伝えましょう。

温かいその子を感じながらさらに感謝を伝えましょう

●対話する言葉（例）

「いままでありがとう」

「よく頑張ってきたね。ありがとう」

「出てきてくれてありがとう」

「○○を守っていてくれてありがとう」

目を閉じて行うイメージワークなので、文章を読みながら行うのが難しい方は、私がガイドしている感情セラピーの動画（無料配布）で試してみてくださいね（帯の二次元コードより）。

さらに結果につなげるためには もう一度出来事を思い出す

もう一回言葉にして変化を感じよう

感情セラピーが終わったら試してほしいことがあります。

さっき体が反応していた出来事をもう一回思い浮かべてみるのです。

今回の場合、ＡＴＭでお金がなかったときの状況を思い出し自分の感情の変化を感じてみてください。

「う～ん、３０００円は厳しいけど、まぁさっきほどではないかな？」とか、「なんとかなるかな」

とか、「どっちでもいいかな」と思えたら大成功です。

自分の感情の変化を感じてください。

ここまで感じられたらリバウンドはしなくなります。

さらに結果につなげるにはアイデアを出す

感情セラピーを上手に使うと、さらなる結果につなげられます。

結果につなげるには「これからのアイデア」を出していきます。

「どっちでもいい」と思えている状態は、実は感情がフラットになった状態です。このときに具体的なアイデアを出します。マイナス感情があり、握りしめている状態では、自由な発想は描けません。「こうでなければならない」と思い込んでいるので、選択も狭い範囲内でとどまります。望む結果を出すためのアイデアも、視野の狭いものになってしまいます。

でも、マイナス感情を手放した後は、どんな選択もＯＫという自由な発想が描けます。

先ほどの**給料日までまだ1週間もあるのに残高はたったの3000円というAさんの場合なら、**次のようなアイデアです。

・3000円で暮らすため7日間の計画をする
・おごってもらえそうな友人にコンタクトをとる
・給料日まで友人にお金を借りる
・同じことが起きたときのために計画的に貯金をする
・副業を探す
・ビジネスで成功している友人と会ってみる

思いつくままにどんどんアイデアを出していきます。頭に浮かんだあなたのアイデアはすべて正解です。「これ無理でしょ！」というものでもOKです。それを採用するかしないかは、あなたが決めればいいのですから。アイデアが出たら採用しようと思うものを行動に移してみましょう。

これもあなたの選択が大事です。頭ではやったほうがいいと思っていても気が進まないものは

「いまではない」というサインです。そのような項目は「将来、もっといいタイミングがあるんだ」と選択しない勇気を持ちましょう。自分がいまできることとやりたいことを繰り返すことが、実は望む目標に手が届く近道です。

おわりに

あなたの感情の中にある温かい愛を感じてほしい

私は、これまで３０００件以上の感情セラピーをしてきました。

その中で、「自分には愛なんかない」という方や「こんなダメな私でも、頑張らなくてもうまくいくのでしょうか？」という人が多くいました。そんなとき、私はいつもお伝えしてきました。

「あなたがダメだったわけじゃない、あなたに愛がないわけじゃない。その感情の扱い方や成功までのプロセス、それがわからなかっただけ。10人いれば、10人の成功法則がある。あなたらしいやり方は自分の中にすでに存在しています」

では、自分の中に存在する自分らしいやり方は、どうやって見つければいいのか。

その答えは、あなた自身の感情の中にすでにあります。あなたの感情を見ていくと、自分がどうしてほしいか、どうしたらうまくいくのか、おのずとわかっていきます。

苦しかったり、いやだったりする場合は、ほかにもっといいやり方があるということ。「目標には関係ないけど、なんだかワクワクしちゃう」のなら、どこかで結果につながっており、結局は早道になります。

感情は人生の羅針盤です。

感情が「あなたを守るために何かをブロックする」とマイナス感情が出てきます。すると、行動ができなくなる。でも、その「できない原因」をすべて取り除く必要はありません。

上司がいやで、会社にいるといつもイライラしている。ビジネスがうまくいかない。でも何をどう変えていいのかわからない。朝起きてもスッキリしないで、いつも落ち込んでいる。

そんなときもあるでしょう。そのままでいていい場合もあります。

でも、変化のスピードが速い、いまのような時代には、手放したほうがいい感情もあります。否定的なマイナスの感情を愛に変えることで、さっさと行動に移れます。

本書には、いまを生きるあなたが、「あなたらしい結果の出し方」を見つけられるように、そのヒントを綴りました。

一度読んでおしまいではなく、そばに置いておき、感情が波立ったら、好きなページや、パッと開いたページを読み返してください。きっと、そのときのあなたにピッタリのヒントが見つかると思います。

1人でも多くの方が、自分らしく輝き、望む結果を手にして喜びの人生を歩いていただけたら、私にとってこれ以上の幸せはありません。

あなたの中の感情はすべて正解で、あなたしか感じることができない、温かい愛が根底にあります。感情という個性を活かした「オンリーワンの結果」を心から応援しています。

感情コンサル(R)　押野満里子

押野 満里子（おしのまりこ）

感情コンサル（R）メソッド開発者
信州長野の中小企業の跡取りとして生まれ、
後継経営者としての苦悩、介護や、子育ての問題に直面する中で
「感情を無視して頑張っても、成果を継続できないし、結果的に幸せになれない」ことを痛感。「感情を丁寧に扱うことで、楽に・速く結果が出て幸せになる」という実体験を経て「感情コンサル（R）メソッド」が誕生。

プライベートでは、「良い人でいなければならない」という思いから自分の本音に蓋をし、生活を続けた結果、母との関係性や２人の子どもの母として「子育ての悩み」にも直面し、育児ノイローゼも経験。仕事面でも、長女として父の会社を継ぐも市場の変化による急速な売上の低迷や、幹部数名による裏切りが続き会社経営にもがき苦しむ。「経営者としての悩み」「娘としての悩み」「母親としての悩み」をどうしたら解決できるのか？この「解決策」を求め、様々なセミナーに参加するも明確な答えは得られず、頑張りつづけるという選択肢しかなく、悶々とした日々を過ごす。

こうした中である時、「がんばる」とは真逆のアプローチである「感情」と対話をすることで問題が解決する方法があることに気づき、３０００回以上に渡り、感情との対話を続ける。その結果、会社を創業５０年以上続く優良企業に育て上げることに成功。プライベートでも、子育て・母との人間関係が予想を超えた変化を体感。自身の経験をもとに、単なる「一時的な癒し」ではなく
「現実的な変化・成果」にこだわった結果、国内外を問わず、口コミで広がる。「過去最高の売上を達成できた」「１０年の悩みがわずか１時間で消えた」
「パートナーと離婚寸前だったのに、今では嘘のように幸せな家庭を築けています」などの成果が続出。

現在は、上場企業や中小企業の経営者、ベストセラー作家、各業界のリーダーだけでなく会社員、主婦など多様な人にとって「心を開ける相談相手」として慕われ、解決事案は１０００件以上にのぼる。
１人１人が、楽に・速く、頑張らずに、成果を出し、使命を果たしていく
「感情コンサル（R）メソッド」の普及に使命と情熱を感じている。

感情コンサルメソッド入門編「感情セラピー」
ｈｔｔｐｓ：／／ｅｃｍ．ａｃ／ｂｏｏｋ／
無料レッスン講座を開催中

未来の私は笑っていますか？
一瞬で心が軽くなる感情セラピー

2020年9月5日　第1版第1刷発行

著　者　押野　満里子
プロデュース　山本　時嗣
編　集　小川　真理子
イラスト（カバー）　堀泉　インコ
校　閲　野崎　清春
デザイン　藤井　由美子

発行者　大森　浩司
発行所　株式会社 ヴォイス　出版事業部
〒106-0031
東京都港区西麻布3-24-17広瀬ビル
☎03-5474-5777（代表）
☎03-3408-7473（編集）
FAX 03-5411-1939
www.voice-inc.co.jp

印刷・製本　株式会社 シナノパブリッシングプレス

ISBN978-4-89976-508-0